山谷をめぐる旅

織田　忍

新評論

プロローグ

黒いリュックを背負いながら小さく息を吐き、タイムカードを押す。とぼとぼと階段を下り、出入り口の扉を開けると、事務所の真向いにあった「ドヤ」（簡易宿所）の取り壊し作業が終わっていた。暗がりのなか、地面がむき出しになってしまった空き地は、突如現れた陥没穴のようで、近づくと、吸い込まれてしまいそうな深い窪みに見える。ここで、何十年もの間、多くの人の生活が営まれてきたわけだが、壊されるときはあっけなく、建物とともに「一つの時代」が終わったように感じてしまう。少し感傷的な気分をまといながら、冷たい空気に首をすぼめて茶色の自転車に乗る。

かつて、山谷は「労働市場」として機能し、ドヤは労働者たちの「住処」としてその時代を支えてきたが、労働マーケットとしての役割はすでに消失したと言ってもいい。それでも、山谷は面白い。なぜなら、このエリアの変容ぶりが日本全体を象徴しているからだ。

ある意味、山谷は経済装置だった。移ろいゆく時に立ち、定点観測していく場所として興味深く、それぞれの時代を見るときのフィルターにもなり得る。また、ある一人の物語を追っていると、本人の意志で動いていたとしても、そのときどきの世の風潮が影響しており、そうせざるを得なかったと感じることがある。

ＪＲ北千住駅近くの喫茶店で、仲間でもあるノンフィクションライター・八木澤高明と久しぶりに再会した。彼は『裏横浜――グレーな世界とその痕跡』（ちくま新書、二〇二二年）などの本を著している。八木澤がアイスコーヒーを飲みながら私に言った。

「離婚して自律しようと思った君が、『山谷』という街にひかれ、そこで仕事をしているということは、一つの時代の象徴でもある。家庭のなかにとどまり、子育てや家事を担い、家族を守る――そういうものが崩壊したということでもある」

時折、この言葉を思い出す。

短大を卒業後、学歴偏重の就職活動から早々に離脱してしまった私は、編集プロダクションのアルバイトで食いつなぎながら、子どもたちをキャンプに連れていく活動のボランティアをしていた。就職時期がちょうど超氷河期であり、何の保証もなく、調整弁として使われる典型的なロストジェネレーション世代だったと思う。そのようなときの私が熱中できそうだったのが文章を書くことで、千代田区水道橋にあった「日本エディタースクール」のジャーナリストコースに通いはじめた。二〇歳のときだった。

『自動車絶望工場』（現代史出版会、新装増補版、二〇一一年）や『労働現場の叛乱』（ダイヤモンド現代選書、一九七四年）など、現場に入り込んで労働者の立場から社会問題をあぶりだすルポライター・鎌田慧氏が講師の一人で、教室には年齢も経歴もさまざまな二〇人ほどの受講者が集まっていた。

大抵の場合、事前にテーマが出され、それに関する作文を提出するというのが授業内容で、鎌田先生が全員分の文章を読み、各々が講評を受けるというスタイルだった。この授業で、私は駅で見かけたホームレスについて綴っており、それほど意識して書いたものではなかったが、考えてみると、この文章が自分の原点だったように思える。

そのときに出会った仲間が、先の八木澤と、のちにノンフィクション作家となる早坂隆だった。二人は同じ大学のユースホステル部の仲間で、同級生の「釜井ちゃん」とともに練馬区の木造ボロアパート「おもだか荘」で三人暮らしをしていた。六畳一間に男三人という住まいは、それまで訪れた家のなかでも指折りの汚さで、足の踏み場もなく、座布団から一歩も動くことができなかったという記憶がある。

早坂は大学時代、自転車で日本縦断をし、その経験を自費出版したり、四国のお遍路めぐりの様子を執筆したりと精力

左：おもだか荘
右：桑野・早坂・八木澤

的で、カメラマンを目指していた八木澤はネパールに出掛けては写真を撮影していたこともあって、「旅を思想する」をテーマに『DIG』という同人誌を刊行することになった。「DIG」の動詞は「掘る」であり、「世の中を掘り起こし、探求する」という意味を込めてネーミングされている。考案したのは画家の桑野純平で、イタリア・フィレンツェへ留学し、芸術家の登竜門として知られる『サロン・ドートンヌ』に入選するなどといった経歴がある。

当時、私のアルバイト先は、「山と渓谷社」の別冊『ポカラ』という旅雑誌を出していた小さな出版社で、そこで出会ったのが『日本の路地を旅する』(文春文庫、二〇一二年)で「大宅壮一ノンフィクション賞」を二〇一〇年に受賞した上原善広だった。徒歩で五大陸を縦横断する旅を続けていた彼は、いつしか同人誌仲間の一人となった。

『ポカラ』の対談取材でお目にかかることになった作家・椎名誠さんに、「最近、友達と同人誌をはじめた」と伝えると、こんな話をしてくれた。

「僕が最初につくったのはガリ版の同人誌で、一〇部つくったんです。一方的にでんと送って、読めっていう感じで。まあ、発作的にやっただけなんだけれど。今思えばひとつのエネルギーだったんでしょうね。練習問題やってたんですよ、きっと」(『ポカラ』(一九九八年三・四月号)

若き時代の椎名さんは、イラストレーターの沢野ひとしさんや木村晋介弁護士らと共同生活をしており、そんな状況から成功し、世に出ていった。同じ土壌からポコポコと一斉に芽吹くイメージで、その姿に自分たちを重ね合わせ、「金はないが夢はあるのだ」と熱く語りながら、陽当たりの悪い一室で私たちは「練習問題」をやり続けていた。

周囲を気にせずに突き進む彼らは、それまで私がもっていた常識というものをことごとく潰してくるような存在であり、根拠のない自信と、どんな困難からも這いあがるような逞しさをもっていた。仲間内で、女は私一人。彼らの姿は目の前にあるのだが、そこには見えない壁が存在し、自分だけ通り抜けることができなかった。女であることの理不尽さを感じると同時に、その特権に甘え、年齢が少し上だった彼らにはとても追いつけないと感じていた。

そして私は、何かを成し遂げる道から逸れ、社会的な自立を果たす前の二三歳で結婚し、長男を出産。ただ流れにまかせ、二年後には次男も授かり、いつのまにか家族という共同体の一員になっていた。当時住んでいた神奈川県座間市には素敵な仲間がたくさんおり、幸せだったが、三人目を出産したころから不安定になっていることに気づきだした。さらに、住み慣れた場所から夫の転勤に合わせて信州に引っ越すことになり、少しずつだが私は壊れていったのだ。

ワンオペ状態で幼い三人の子育てに必死だった一年目、それまで楽しかったことが苦痛になってきた二年目。今思えば育児ノイローゼという状態に陥っていたにもかかわらず、「まさか自分が……気のもちようだ」と言い聞かせ、心療内科の予約を二回キャンセルした三年目のある日、突然、左耳が聞こえなくなった。耳元に換気扇がくっついているみたいに、「ボーッ」という低音の耳鳴りがしはじめた。

「突発性難聴です。治療が遅れると聴覚にも支障が出ますから、できれば入院してください」

診察した耳鼻科医の声が遠くに聞こえ、眼前の世界に現実味がなく、まるで他人事のように感じた。それは体が発するシグナルだった。伸びきったゴムが戻らない状態と同じように、私の精神はすっかり摩耗していた。

世間からは「お母さん」と呼ばれ、懸命に良き母であることに邁進し、いつのまにか疲弊し、壊れる寸前までいってしまった。教育者たちは「子どもたちのために笑っていないと……」と諭したが、その言葉こそ、母親を追いつめることになると想像できなかったのだろう。

延々に続いてゆく、うんざりするような「明日から」を前に、初めて「消えたい」と思った。あのとき私は、「もう頑張らなくていいよ」と言われたかったのだと思う。十分に頑張っているよ、と誰かに認めてほしかったのだ。

地方に引っ越し、自分の存在価値や居場所が見つからずに鬱屈していた。周囲の仲間たちは自らの人生をつかみ取り、山を築いているのに、自分の山は砂山で、懸命に集めても手のなかからサラサラとこぼれ落ち、簡単に吹き飛ばされていく。

家のなかはガスタンクみたいで、いつも苦しかった。息をすることすらままならず、酸素を求める瀕死状態の魚のようにアプアプしていた。私たち家族の毎日は、母親の我慢や忍耐でどうにか支えていたところがあり、結局はそれが大きなひ、ず、みとなり、崩れてしまったように思える。

私は一人で家を出た。周りの人に「理想の家族」と言われたその共同体を、自らの手で解体したのだ。家族を思えば思うほどそこにとらわれ、泥沼にはまり込んでしまう。「家族」を断ち切ることで、新しい一歩を踏み出そうと思ったのだ。

しかし、母親が家を出ていくということは、父親が出ていく場合とはわけが違う。表立って批判されることはないが、私を見つめる視線が変わったことだけはすぐに分かった。腫れものにさわるように、周囲はどこかよそよそしくなり、静かに世間から断罪された。

解体後の家族はボロボロだった。しなくていい悲しみを味わい、傷つき、自分がその要であったことを知った。自分のしたことがどういう意味をもつのかと思い知らされたが、このときにできる精いっぱいの選択であった。

いつだって、子どもたちに何かあれば、私は自分の命を「どうぞどうぞ」と差し出すことができる。こんな母親で申し訳ないとも思うが、自分の命よりも大切なものがこの世に存在しているという事実は尊いことである。

「親はなくとも子は育つんですよ」

友人の精神科医は、日本酒を片手にいつものんきにこう口にした。毎日のように泣き暮らしていた私への慰みではあったが、彼もまた離婚をし、口は出さず、会いもせず、ただ子どもが「やりたい」と言ったことにお金だけを出していた。

「それでいいんですよ。会わないほうがうまくいく場合もあるんですよ」とこぼす表情には、どこか切なく哀しみがにじんだ。

そのころはフリーランスのライターを細々と続けていたが、それを生業にして生活を維持するというのが困難なため、三五歳で看護学校に入学。無事に三年間の学生生活を経て、看護師として働くことになった。病院で働きはじめて以来、日々の業務に追われたものの、心ひそかに「いつか書いてみたい」と思っている場所があった。それが「山谷」である。

初めて山谷を訪れたのは、今から一五年ほど前になる。寄せ場に関する知識はほとんどなく、大阪の釜ヶ崎にあるNPO法人「こどもの里」*でボランティアをしていた友人から少し話を聞いたという程度のものだった。

その後、取材を通して何度も山谷に足を運ぶようになり、思いがけない出会いに助けられ、写真集『山谷への回廊　写真家・南條直子の記憶 1979-1988』を編集・執筆し、自費出版するに至っている。この一冊は、南條直子の視座を大切にしてまとめた作品なのだが、いつからか、今度は自分の目で見た「山谷の記録」を残したいと思うようになった。

写真集を刊行してからというもの、山谷を歩くことがライフワークになっていたが、自らが問われるこの街をテーマにして書くというのはやはり怖いことである。想いが募るほど一向に筆が進まず、「看護師になったのだから、取材対象だった山谷へ幾ばくかの恩返しを優先する」という言い訳を盾に、本格的に書くことから逃げていた。

そんなとき、「釜井ちゃんが大動脈解離を起こし、一度は復活したものの、意識が戻らない」という連絡を受けた。

入院していた新宿の病院へ見舞いに行くと、気管切開をした釜井ちゃんが静かにベッドで眠っていた。少しだけ上体を挙上させた身体は左に傾き、丸々としていた顔はほっそりとし、髭も伸び、頭は薄くなっていた。刺激すると、閉じていた瞼がピクピクと動いた。不随意とはいえ少しだけ上肢の動きもあり、待っていたら眠りから覚めそうな気がした。

状態が安定した彼は、両親の待つ栃木へと帰り、それから数か月後、あっという間に逝ってしまった。

お通夜のために向かったJR岡本駅は、宇都宮から一つ下った駅である。風が強く寒いなか、タクシーを待った。落ちあった早坂と「泣かないだろうからハンカチなんて必要ないか」と冗談混じりにおどけたものの、読経がはじまり、お焼

自費出版した『山谷への回廊』

＊〒557-0004 大阪府大阪市西成区萩之茶屋2-3-24。NHKスペシャル『こども 輝けいのち』の第1集『父ちゃん母ちゃん、生きるんや』（二〇〇二年）、ドキュメンタリー映画『さとにきたらええやん』（重江良樹監督、二〇一六年）でも紹介されている。

香をすませ、釜井ちゃんのお父さんが声を震わせながらスピーチする姿を見た早坂が嗚咽しはじめた。掛けていたメガネを取り、ハンカチで目頭を押さえ、声を出して泣いていた。

「おもだか荘」の住人が一人減ったのだ、と改めて思った。若くして亡くなる姿はやはりつらい。両親より先に逝ってしまった彼を呪った。そして、怖いもの知らずだったあの日々のことを思い出し、指に刺さった棘のように見えない痛みがチクチクと感じられたことで、自分のなかに当時の思いが残っていることを知った。このころから、長らく逃げていた「書くこと」に向き合ってみてもいいかもしれない、と思うようになった。


看護師になって三年を迎えていた二〇一七年、以前から「働くならここ」と決めていた訪問看護ステーションに入れてもらえることになった。

当時、台東区日本堤一丁目にある「いろは会商店街」に事務所を構えていた「NPO法人訪問看護ステーション　コスモス」は、看護師が二五人もいる大所帯のステーションで、看護経験が少ない私を拾ってくれたのが山下眞実子代表だ。介護保険がスタートした二〇〇〇年から、看護師としてドヤを対象に訪問しはじめたという在宅看護の先駆者である。驚くことに、当時の「コスモス」には、六〇歳で看護師資格を取得し、七五歳まで働いたという男性看護師がいたので、社会人上がりの私はかなりの勇気をもらっている。

山谷はカオスな場所だった。地べたに座り込んで酒を酌み交わす、呑んだくれて道端に倒れる、立ちション、ゴミの投げ捨て、「モラル」という言葉を説明するのがばかばかしくなるようなところである。さらに、この街で暮らす人たちには地方からの流れ者が多く、家族から逃れてきたような人も珍しくない。こういう世界にいると、どこかほっとするような気持ちがした。

完璧主義で、「助けて」と言えなかった私は、この街で働くようになってから、

「とりあえず生きてるし、まあ、いっか」

と思えるようになっていた。そして、関係者から投げ掛けられる問いに対しては、いつも悶々としていた。

「山谷を書くって、今それをやって意味があるんですかね？　だって、もう何もないでしょ。ここにいる人たちは、それこそ日雇いの労働者ではない。仕事がなくなって、生活が成り立たなくなって、保護をもらった福祉の人間が流れてきているだけ。だから、かつての『闘う労働者』なんてここにはいないわけで……。惨めな姿をした人たちを見て、どうするの？　暗い気持ちになるだけでしょ」

返す言葉がなかった。

別の写真家はこう言った。

いろは会商店街にあった旧コスモス

「今、あの街を歩いて、撮りたいって思うような、心が動くような被写体はないですね」

かつての山谷には闘う労働者の姿があった。活気がみなぎり、それを支援する人たちも何かしらのエネルギーをもらいに来るという、圧倒的なフラストレーションの発散場であった。そういった熱い時代が終焉し、はっきりと過去のものになりつつある。

事実、ドヤは一気にマンションへと建て替えられ、街の風景はここ数年で一変している。街は浄化され、「日雇い労働の街らしさ」は失われている。とはいえ、この土地のもつ宿命のようなものは決して消えたわけではなく、粛々と日々が続いており、人は生きている。闘争の時代から半世紀を経て、看護師として山谷で働くようになった私は、この街で会った人々、見聞きした出来事を遺したいと強く思うようになった。

「闘う労働者もいない、閑散としたこの街に、いったい何があるんですか?」

この問いへのささやかな抵抗であり、痛みを抱えながら前に進むための、山谷をめぐる小さな旅でもある。

山谷をめぐる旅◆もくじ

第5章　寄せ場・抵抗の流儀　179

第6章　「山谷」にひきよせられた人たち　209

第1章 山谷通史

山谷堀公園で行われた「NPO 法人訪問看護ステーション コスモス」のお花見

地図にない街——山谷

江戸の近郊エリアとして変遷と隆盛を繰り返し、その土地柄ゆえにさまざまな顔をもつ「山谷」。巨大都市を維持するため、周縁部へと押しやられる形で刑場や火葬寺などを集中させながら、長い間、人々のセーフティーネットとしての機能を担ってきた。

山谷とは、住所表示でいうと東京都清川・日本堤・橋場・荒川区南千住にまたがるエリアをさす。というのも、現在「山谷」という町名は地図を探しても見当たらない。江戸時代からあった古い町名は、一九六二年に施行された住所表示法によって改正され、先の東京オリンピック直後の一九六六年、「山谷」の名は消えている。

大阪・釜ヶ崎、横浜・寿町と並び、「日本の三大寄せ場」の一つだった山谷は、その歴史をたどると、地図から消し去りたい町名だったのではないかと勘ぐってしまう。

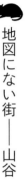

山谷地区の起源は江戸時代より前にさかのぼる。中世の山谷エリアは湿地帯で、大きな「千束池」があり、橋場や石浜周辺はイネ科の多年草である葦や茅《ちがや》が繁茂する荒野であったことから、一帯は「浅茅ケ原《あさぢがはら》」と呼ばれていた。

浅草寺の北、隅田川手前までのエリアは古く、「山谷」、「三谷」、「三屋」といった呼び名があり、江戸幕府が置かれる直前の一五九〇年頃には「山谷村」という表記が残っている。そして、一六五〇年頃、奥州街道（日光街道）沿いに商いの場や職人の家などといった町屋が建ち並ぶようになり、江戸のまちなかに加わることになる。「浅草山谷」と呼ばれるのは、この名残である。

街道沿いの山谷の先には、「小塚原《こづかっぱら》」と呼ばれる刑場が存在していた。現在の南千住二丁目あたりである。品川区南大井にかつて存在した「鈴ヶ森刑場」とともに「二大刑場」と呼ばれ、磔や斬首など、処刑された人は約二〇万人と言われている。現在も交差点として残る「泪橋」は、小塚原から山谷に架かる橋のことであり、ここから刑場へ向かう者を見送る人の哀しみの涙が名の由来と伝え聞く。囚人たちの未練や死別への悲嘆など、「この世からあの世に架かる橋」という意味も込められているのではないだろうか。

小塚原刑場は江戸から明治初期まで存続しており、「腑分け」（屍体解剖）が行われ、その様子を見学した蘭学者・杉田玄白（一七三三～一八一七）らが翻訳書『解体新書』を刊行するきっかけにもなっている。

腑分けは「死」に対する穢《けが》れの意識から、実際に行ったのは「穢多《えた》」という身分の人たちで、当時の医師に解剖の技術はほとんどなかった。玄白の記録（『蘭学事始』岩波文庫、一九八二年改訂）には「虎松」という腑分けの名手の名が残され

杉田玄白

ており、虎松の九〇歳になる祖父「老屠《ろうと》」が、心臓、肝臓、胆のう、胃、肺といった臓器を指し、医師たちに知識を教示したという。

現在の医学の礎となっているのは、虎松や老屠らのような巧者の存在であり、差別されていた人たちが築いてきたという事実を忘れてはならない。

刑場での死体は雑に扱われ、夏になると臭気が漂い、野犬などの動物が食い散らし、その様子はまさに地獄絵図そのものであったようだ。その様相に心を痛めた墨田区両国の「回向院」の住職が、一六六七年、牢死者や刑死者を供養するために創建したお堂が現在の「小塚原回向院」である。ここには、「安政の大獄」で刑死した吉田松陰や、橋本左内ら幕末志士の墓所があるほか、アントニオ猪木（一九四三〜二〇二二）と西村修（プロレスラー・区議会議員）が建てたプロレス界の重鎮「カール・ゴッチの墓」もある。

斬首刑は明治初期まであったというが、斬首された最後の女性と言われるのが「高橋お伝」である。お伝の夫はハンセ

左：首切り地蔵
右：カール・ゴッチの墓

ン病で亡くなり、女一人で働いていた際、ある男と知り合った。売春での関係であったが、その男は金遣いが荒く、「金は払わない」と言われ、激情の末に男を殺害してしまった。刑を処されたお伝もまた、小塚原回向院に眠っている。

小塚原回向院から少し南に進むと「延命寺」があり、境内には無縁となった人々を供養するために建てられた三・六メートルもある大きな首切り地蔵がある。ちなみに、日光街道へと続く「山谷通り（吉野通り）」には「コツ通り」という通称があるのだが、これは火葬場のあったこの地を掘るとよく骨が出てきたため、と伝わっている。

小塚原の先は、奥州街道はじまりの宿場町となる。「千住宿」と呼ばれ、街の中心に武家や豪商などが泊まる旅籠があり、町の両端に行くほど粗末な宿となっていた。とくに、宿場町の両端は「棒鼻《ぼうばな》」といって、もっとも貧しい旅人が泊まる「木賃宿《きちんやど》」が建ち並んでいた。

棒鼻とは、駕籠の棒先という意味があるが、大名行列が宿場へ入るとき、この場所で先頭（棒先）を整えたので、そう呼ばれるようになったと言われている。木賃宿は、食事を提供しない素泊まり専門の旅館で、今でいうところの「ゲストハウス」のようなものである。「木賃」とは薪の代金を意味しており、旅人が米をもって薪代を払い、自炊するというスタイルの宿である。

そう考えると、小塚原刑場を挟んだ先にある山谷周辺は、千住宿の棒鼻であったと考えられる。つまり、江戸時代から山谷界隈には安宿が並び、もっとも貧しい人たちが集まる地域だったと推測されるということだ。今に通じる土地の宿命を感じてしまう。

山谷と吉原遊郭

訪問看護という仕事は、病院とは違って、利用者さんのご自宅へ看護師が直接伺い、ケアを行うというものである。移動はもっぱら自転車であり、ソープ街・吉原は日常的に走る場所だ。吉原公園では、鳩にエサをやる住民がいるそばで、若い女性がポージングをしながら背広姿の男性が写真撮影をしていたりする。まだ二〇代と思われる女性は、その後、店に向かって歩き、煌びやかな店の向こう側に吸い込まれていった。

二〇一九年、東京オリンピックを前にインバウンドの観光客が増加し、浅草界隈は賑わいをみせていた。吉原もまた、これまでにない好景気に沸いたが、二〇二〇年二月からの新型コロナウイルスによって街は激変した。四月に入って緊急事態宣言が発令されると、吉原のソープ街からネオンが消えた。

店のシャッターが下ろされ、出入り口に立つ客引きもおらず、通りは静まり返り、一時、街は死んだような風景になっていた。おそらく、こんな事態は初めてのことだったと思うが、新型コロナウイルス感染症が収束し

吉原の入り口・見返り柳

ネオンの消えた吉原

た現在、当時の賑わいが少し戻っている。

地名としての「山谷」はなくなっているわけだが、地図上に残っている名前はある。それが「山谷堀公園」だ。「山谷堀」とは、江戸時代初期、石神井川（音無川）を飛鳥山付近で分岐させ、隅田川（大川）へとつなげた水路である。現在は水路としての役割はないものの、日本堤から今戸までの旧堀跡は公園として整備されており、春になるとスカイツリーと桜が眺められる観光スポットになっている。

江戸時代の人たちにとっての「山谷」とは、この山谷堀と堀沿いの繁華街をさす。「山谷通い」という言葉がかつてあったが、これは山谷堀沿いにあった吉原遊郭へ男たちが遊びに行くことを表したものである。

当時、「粋な通い方」と言われていたのが、陸路ではなく水路を使い、小舟に揺られて向かうことであった。山谷堀の隅田川河口岸には、有名楼のほか、江戸時代に会席料理を確立し、もっとも成功した料亭と言われる「八百善」などが軒を並べ、吉野橋をくぐった先には、「江戸三座」と言われる歌舞伎小屋が立ち並ぶ猿若町があった。

陽の高いうちから有名茶屋で休み、歌舞伎を楽しんだあとに堀沿いの料亭で舌鼓を打ち、小舟に

山谷堀公園

揺られて最後は吉原で女遊びをする――これが江戸時代における最高の遊び方だったということだ。また、吉原発祥の郷土料理「桜なべ」は、遊郭の往路、馬肉で精をつけるために食されたと言われている。

こうみると、山谷は煌びやかな場所というイメージになるが、それは表面的な華やかさであり、その陰には、ここで働いている人たちがこの時代における被差別民であったという事実がある。

江戸の身分制度

江戸時代には、公家や僧侶といった高位の人たちのほか、武士、百姓、町人など「身分」というものがあった。そして、それらの「外の民」として扱われる被差別民が存在していた。それが、「エタ」、「非人《ヒニン》」と呼ばれた人たちである。生業としては三〇～五〇種に分けられ、そのなかには歌舞伎役者や遊女も入っていた。百姓や町人といった平民とは違って、これらの被差別民のなかには階級的な支配関係が存在していた。被差別民を統制する立場にいたのが、エタ頭の「弾左衛門」である。

山谷堀沿いに歌舞伎小屋や吉原遊郭といった被差別民が住む地域が点在しているのは、エタ頭の弾左衛門が暮らす「浅草新町」という大きなエタ村が山谷堀の北側にあったからである。エタという表現は蔑称であり、彼らは自らを「長吏《ちょうり》」と呼んでいた。被差別民はその職業によって差別的な扱いを受けてきたわけだが、長吏の仕事は、皮革産業、ロウソクの芯や機織り機の部品製造と専売、刑場の警備、祭礼の清め役などであった。

　基本的に「非人」には職業がなく、物乞いが主であった。それでも、刑場の遺体処理やくず収集、そして古紙再生などの仕事は許されていたという。

　エタ頭の弾左衛門は関東八州の被差別民を支配していたが、歌舞伎役者などの一部はその支配を免れている。ちなみに、町奉行に申し出、多額のお金を支払って支配から抜けた三代目市川団十郎（一七二一～一七四二）たちがその喜びを演目にしたのが『助六所縁江戸桜』である。

　さて、弾左衛門、身分こそ被差別民であったが「財力は大名並み」と言われ、困窮のイメージとは甚だ遠いものであった。エタは職能集団であり、生活がままならないほど貧しい生活を強いられていたわけではないのだ。先に述べた非人は別にして、被差別民が貧しいというイメージがつくられていったのは、明治以降、「四民平等」と言われるようになってからである。

歌川國貞画『助六所縁江戸櫻』大判錦繪三枚續物
（天保３年３月江戸市村座発表）

車善七と浅草溜

隅田川の河口岸から吉原遊郭までの間、かつては橋が数本架かっていた。そのうちの一つが「紙洗橋」である。現在もその名が残っており、その由来は、この橋のほとりで仕事のない非人が古紙をつくるためにくず紙を茹でたり冷やしたりする作業をしていたことにちなんでいる。この紙洗橋から浅草寺側に進んだ付近が「浅草溜」である。

「溜」とは、浮浪者収容所と障がい者施設を合わせたようなところで、いわゆる現在の福祉施設のような機能を果たしていた。非人には、代々身分を世襲する者、身分剥奪の刑を受けた者、家がなく乞食をしていた者がいる。家がなく乞食をしていた者は「野非人」と呼ばれ、何らかの障がいやハンセン病といった、人びとから忌避される病を患っている者が主であった。

病状が進行するなどして、一人ではままならなくなると溜に収容される。非人同士の面倒はお互いが見るほかなく、貴重な収入源である古紙再生などをしながら互いに助け合い、必死に生きていたという側面がある。

山谷エリアへの訪問診療を行い、イタリアの精神科医フランコ・バザーリア（Franco Basaglia, 1924～1980）の著作を日本に広め、翻訳者としても活躍している精神科医の梶原徹（終章参照）は次のように言及している。

「日本の精神医療、精神科看護はこの浅草溜の人々の力ではじまっているのです。そこでは紙漉き、マッチ作りなどの作業も行われていたようです。社会の最底辺の人々の中の精神病者の治療を同じような社会的に底辺に追いやられた人々が担う中で日本の精神医療がはじまったことは記録されていいことだと思います」（『私の生い立ちから浜田クリニックへ』コスモス講演録、二〇二四年、一六ページ）

浅草の非人頭は車善七《くるまぜんしち》である。吉原遊郭の廓の南側にあった非人小屋に住み、一帯の非人を取り仕切っていたと言われる。非人小屋と吉原遊郭が隣接していた理由は、「奴刑《やっこけい》」と言って、女性に課せられた刑罰を受けたのち、若い女性は吉原の女郎として働かされたためである。

かつて弾左衛門が暮らしていたエリアには、現在、東京都立浅草高等学校が建っているし、車善七がいた非人小屋や浅草溜周辺には千束小学校などの公共施設がある。どうやら、「忌み嫌われるものは隠したい」という発想が

山谷堀公園に残る紙洗橋

バザーリア（© ハラルド・ビショフ）

お上《かみ》にあるように思えてならない。

江戸の街づくりを見ていくと、江戸城を中心に、浅草寺、寛永寺、増上寺と「聖なるもの」に囲まれているのが分かる。江戸の中心から日光街道方面を「鬼門」、東海道方面を「裏鬼門」と呼び、江戸市中に鬼が入らないように、鬼が嫌うものを直線上に並べたわけである。鬼門・裏鬼門の方角にある一番離れた市街との境界線付近に小塚原や鈴ケ森刑場（死）、浅草や品川溜（貧病）、吉原遊郭や品川宿（性）を配置して、厄災を畏れさせて懐柔する。そして、その内側を聖なる菩提寺で守るという発想が当時の都市政策からにじみ出てくる。

このように歴史をひもといていくと、山谷地域は、世間から差別を受けてきた集団に囲まれたエリアであることが分かってくる。

ちなみに、山谷界隈には、今も江戸の面影が感じられる文化財が点在している。「江戸六地蔵」のほか、橋場二丁目には、江戸時代中期から後期にあけて活躍した発明家「平賀源内」の墓や、松吟寺《しょうぎんじ》には「お化け地蔵」が残っている。「お化け地蔵」という名の由来には、「かつて被っていた笠が勝手に向きを変えたから」や「高さが三メートルほどと大きいため」など諸説ある。関東大震災で身体の部分が二つに折れたが、補修して現在に至る。

お化け地蔵

隅田川駅からはじまる寄せ場

江戸時代の山谷やその界隈の状況が大きく変化したのが明治維新である。

四民平等や解放令といった身分制度の廃止が謳われた時代であるが、それまで税の徴収を免れていた「外の民」にも、「平等」という名のもとに税金が課せられるようになった。さらに、収入を失った下級士族のために、職能集団だった被差別部落の人々から仕事の専売権を剥奪し、都市部にある部落は土地を奪われ、僻地へ強制移住させられたりもした。四民平等とは名ばかりで、四民ではなかった彼らを「新平民」と言って区別するなど、新たな差別が生まれていくことになった。

なかでも、仕事をもたない非人たちの扱いは悲惨なものであった。住処を奪われたうえ、税も課され、居場所のなくなった彼らが寄り集まったのが、先にも触れた宿場町の棒鼻《ぼうばな》などにある木賃宿である。おそらく、山谷にあった木賃宿も逃げ場所の一つとなったのであろう。

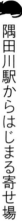

ちなみに、私の勤務先「コスモス」のある日本堤は「浅草田中町」と呼ばれているところだが、ここには、浅草千束にあった食肉処理場が移転する形で「田中町屠場」が設営されていたという。

一八七〇年代～一八八〇年代にかけて地租改正の本格実施にともなって、離農者と貧窮民が急増した。すぐさま全国的に下層社会が形成され、近代における「寄せ場」が成立していくことになる。そして、一八九七年、山谷エリアを形成するきっかけとなったのが、現在も南千住駅の横に存在する「隅田川駅*」だ。明治から昭和前期にかけ、急激に進む機械化に合わせ化石燃料の需要が増加した。その輸送が急務となり、東北の炭鉱から石炭の受け入れを行うために造られたのがこの貨物駅である。

日々、石炭が山ほど運び込まれ、その積み下ろし作業に多くの労働者が必要になった。隣接する山谷の木賃宿には仕事を求める生活困窮者がおり、好都合であった。輸送の拡大に合わせて労働者が集まるようになり、寄せ場としての「山谷」がつくられていった。また、労働者を集め、仕事を紹介する代わりに稼ぎの一部を手数料として徴収する「手配師」が目立つようになったのもこの時期であり、「部屋頭」とか「人夫出し」と呼ばれていた。

明治後期から大正にかけて労働者が増えたため、銀行や商店も建設されていった。台東区清川二丁目に建物が残っていた「安田銀行」や、イトーヨーカ堂の前身にあたる「羊華堂洋品店」などである。二〇二三年三月、ヨーカ堂創業者が鬼籍に入

隅田川駅

り、記念碑と思われる「イトーヨーカ堂発祥の地」が建立された。また、その隣りにあった黄白色の洋館が旧安田銀行で、こちらは二〇二三年一二月に解体されている。

偶然にも解体途中に居合わせたため、驚いて立ちすくんでいると、彫が深く髭を生やした外国人の解体業者がこちらに気づき、「この建物がどうかしたの?」というジェスチャーで建物をさした。私は大きくうなずきながら「価値のある建物です」と伝えると、「写真を撮っていいよ」と屈託のない笑顔を向けてくれた。

最近は、コンビニの店員や解体業者も外国人であることが多い。かつての日雇い労働者が徐々に介護される側へ変化していくなか、新しい働き手として外国人がその役目を担っている。労働現場は、トコロテン方式に、その時代にマッチする人たちが後ろから押し出している。このシステムは、今後も大きく変わることがないように思える。

＊荒川区南千住四丁目にある、日本貨物鉄道・東日本旅客鉄道の駅。常磐線貨物支線上に設置されており、主に東北本線、上越線などの方面への貨物列車の終着駅であり、「東京貨物ターミナル駅」と並ぶ二大貨物駅となっている。鉄道施設としては一般駅であるが、旅客列車の発着はない。

イトーヨーカ堂の発祥地

旧安田銀行

焼け野原を越えて

一九一一年、「吉原大火」が発生した。浅草区の吉原遊郭の一角から出火し、南西の風にあおられて周辺地域にまで広がり、約六五〇〇戸が焼失した。隅田川駅が燃えるなど被害は甚大なものであった。元々、吉原遊郭は現在の人形町にあったが、一六五七年の「明暦の大火」で被災し、区画整理のため千束池埋立地に移転して「新吉原」が形成された。

当時は「御歯黒溝《おはぐろどぶ》」と呼ばれる四角い堀*に囲まれており、出入りができるのは吉原大門（二四ページの写真参照）のみであった。遊女らの脱走予防策であったわけだが、ひとたび災害が起こると逃げ場がなく、多くの人が犠牲となっている。

一八五五年、犠牲者一万人ともいわれる江戸直下型の「安政の大地震」の際には、台東区三ノ輪にある「浄閑寺」に新吉原の遊女たちの遺体が投げ込まれるようにして葬られたという。新吉原で働く女性たちは、身売りされた者や受刑者で、その扱いは粗末なものであったのだろう。

「生きては苦海　死しては浄閑寺」（花又花酔）

遊女の哀しい運命が表された川柳のとおり、災害のみならず、過酷な環境での生活や性病の蔓延などで、江戸時代の遊女の平均寿命は二二歳程度だったと言われている。若くして命を落とした身寄りのない彼女らを供養するために「新吉原総霊塔」が建ち、現在も「投げ込み寺」の通称で呼ばれている。また、永井荷風（一八七九〜一九五九）の筆塚など、史跡も多い。

吉原大火の同時期、日露戦争を背景に米の価格が高騰し、困窮者が急増した。見過ごせなくなった東京市は、救済対策として一九一二年、浅草玉姫町に「公設長屋七棟」を建設している。当時の宿泊料は三銭で、入浴料は一銭であった。貧困家庭に部屋を貸したり、集会所のほか、工場などで働く女性らの声を受けて「玉姫託児所」を併設し、夜間部のある「特殊玉姫尋常小学校」が設立された。また、公営の職業紹介所第一号の「玉姫職業紹介」も開所されている。

そして、九年後の一九二一年、山谷地域に住む貧困層は一万五〇〇〇世帯、一万三〇〇〇人ほどに上り、当時の木賃宿は七三軒、宿泊者は約二四〇〇人であった（梶満里子・梶大介ほか『最下層の系譜（中巻）』山谷自立推進協議会、一九七三年、二二一〜二二三、三二一ページ参照）。

さらに、一九二三年に発生した関東大震災で東京市は焼け野原を経験している。山谷の被害も甚大であり、地域のほとんどが延焼している。しかし、「帝都復興計画」のもとに玉姫公園が整備されるなど、急速に復興していった。

新吉原慰霊塔（浄閑寺）

＊おはぐろを堀で洗っていたことから、こう呼ばれるようになった。

当時、山谷には復興事業に携わる形で被災者のための宿泊所が設けられ、震災後、木賃宿（のちに「簡易宿所」と改称）の軒数は一〇〇軒に増加し、五〇〇〇人近い労働者が利用していたという。災害によって壊滅的となった東京を再建するための人材がこのエリアに集まり、最盛期を迎え、日銭が稼げる「日雇い労働の街」ができあがっていったわけである。

ちなみに、一九二八年、東京市が社会事業の一環として、日雇い労働者のための宿泊施設を浅草区田中町に建設している。蓄音機、ラジオ、囲碁や将棋盤などを備えた娯楽室も備えられ、戦時下には「浅草大和寮」という都営住宅となり、一九六五年まで存在していた。また、一九三二年には東京市民生局の斡旋により、日雇い労働者を対象とした「大東京簡易旅館組合連合会」が結成され、山谷地区では「浅草簡易旅館組合」（一九五八年に「城北旅館組合」に改称）が加盟している。

さて、戦時下であるが、山谷の日雇い労働者たちも組織化され、一部徴兵されるなどしている。そして、一九四五年、太平洋戦争末期の東京大空襲で浅草一帯は再び焼き尽くされた。戦後、山谷地区に設置された旧日本軍の天幕やベッドを払い下げたテント村には、上野や浅草を徘徊する戦災者や浮浪者、孤児、引き揚兵などといった家を失った者が一斉に集められ、あふれかえっていたという。

やがて、戦災者の収容が追い付かなくなると、ＧＨＱは都民生局に指示を出し、城北旅館組合加盟業者にもテントを無料で貸しつけ、戦災者の収容を委託するようになった。

当時、約五〇張のテントが並び、四〇〇人以上を収容する東京都民生委託施設「厚生館」が造られると、上野駅一体の野宿者が集められた。その後、テント村からバラック建築へと改造され、戦災者や日雇い労働者の宿泊施設が整備されるにともない、一九五〇年代には蚕棚式のベッドハウスや大部屋など、現在につながる「ドヤ」が建ちはじめ、寄せ場「山谷」が再建され、人口の増加とともに山谷の街が活気づくことになった。宿の軒数は一〇〇軒、宿泊者六〇〇〇人ほどに回復していた。

焼け野原と化した山谷にまず建ったのが「売春小屋であった」、という話も残っている。元々、吉原遊郭に隣接していた山谷には、そのおこぼれをもらう形で売春宿が発展していたからだ。しかし、一九四六年、GHQによる公娼廃止指令が出されたあと、風俗営業取締法が一九四八年に施行され、続いて一九五八年、売春防止法によって赤線は事実上消滅した。泪橋周辺には、体を売ることでしか生活の術《すべ》がない主婦が買い物籠をぶら下げた姿であふれた、とまで言われている。

一方、賑わいを失った吉原界隈には、かつて「トルコ風呂」と呼ばれていた「個室式特殊浴場」が出現し、ソープランドへとつながっていった。現在の山谷には風俗店はほとんど見られないが、歴史の陰に娼婦の存在があったことは事実である。そして、娼婦への貢ぎ物を求めるために男たちがやって来た夜店通りが「いろは会商店街」のはじまりであり、今も呉服店の看板が残っている。

これまでに何度か登場している「ドヤ」という言葉だが、改めて詳しく説明しておこう。前述したように、「簡易宿所」という旅館であるが、住所を置かせてくれる不思議な場所でもある。そのため、部屋に住所を置いて生活保護を受けている元労働者が多い。一番古いドヤと言われているのが「南千住ハウス」であり、以前は一泊一〇〇〇円以下のドヤもあったが、現在はテレビ、冷蔵庫、エアコンがついて、三畳ほどの広さで二二〇〇～二三〇〇円程度となっている。

かつては個室ではなく、蚕棚式の部屋が多く、床に虫がうごめいていたというエピソードも珍しくなかった。結核、疥癬ダニ、南京虫が日本一多い場所とも言われているが、浴場が大きく、清潔な設備と待遇のよい旅館は人気があった。たまにドヤの看板で見かける「庭園風呂」の文字は、その名残である。

余談だが、いま全国的に問題になっているのが、従来の殺虫剤が効かないスーパー南京虫だ。外国人バックパッカーが持つスーツケースの車輪に付着した卵が原因と言われており、山谷でもその駆除に四苦八苦する状況となっている。

高度成長と暴動

一九五四年にはじまった「神武景気」により、一九五八年に東京タワー竣工、一九六四年に東京オリンピックが開催されるなど、世の中は高度経済成長期に突入し、労働市場は沸いていた。山谷に行けばいくらでも仕事があり、賃金もうなぎ上りの好景気となった。

一九三二年、群馬県新治村に生まれた大坪忠義《おおつぼただよし》さんは元日雇い労働者である。南千住にあった「金壽」というドヤの解体にともない、荒川区のアパートに転居してきた好々爺然とした彼は、一九五八年の春、足尾銅山に飛島組の下請け労働者として参加し、一年間働いたあと福岡の炭鉱に移り、削岩機で掘り進める作業や、発破（ダイナマイト）をかける仕事などをしてきたという。山谷では、一時期、玉姫公園の隣にあった「白百合荘」に宿泊していた。

「たしか当時、ドヤ一泊一五〇円。朝、五時前には起き、大通りに出ないといい仕事にありつけなかった。城北センター前の越後屋あたりに手配師がいて、『何人でいくら』って言われて、なるべく高い単価の仕事を探した。昭和五〇年頃から状況が変わってきて、特別な資格がいるようになっていった。たとえば、重い荷物をクレーンで持ちあげるとき、フックに掛けたり外したりする『玉掛け』とかね。『根切り』っていうのは、基礎となるコンクリートが打てる状態にするために地面を掘る仕事。二つの材の断面をそろえる『ゾロ』とか、ブルの運転やショベルのつみこみとか。玉姫の職安なんかに行くとさ、少しでもいい仕事がほしいから、シャッターが開くだろ、そうすると、ほんの

2014年に取り壊された「金壽」

大坪忠義さん

隙間から我先にって、ものすごい人数の男たちが体をねじ入れてさ、中に入るわけ。それは迫力の瞬間だったよね。みんな必死だった」

このように語ってくれた大坪さんは、晩年、じん肺による肺がんを発症した。HOT（在宅酸素療法）を行いながら自立した生活を送り、九三歳を迎える前の二〇二三年六月に亡くなっている。かつて炭鉱や建築現場などで長く働いてきたという大坪さん、職業性の曝露《ばくろ》*が原因であった。

山谷エリアの日雇い労働者数は最大となり、治安を守ろうとする警察とのぶつかり合いが生じるようになった。一九六〇年代には暴動が頻発し、とくに一九六〇年八月の「山谷暴動」は、日本中に「山谷」を知らしめる大暴動ともなった。数千人の労働者が、警察官の労働者への扱いに対して反発したという、鬱屈した思いを爆発させたものである。山谷だけでなく、釜ヶ崎（大阪）、寿町（横浜）といった各地の寄せ場でも暴動が起こったという時代であった。

そんな山谷通りに、「厳しい暮らしの人たちにこそ本物を」との想いからスタートした喫茶店「カフェ・バッハ」がある。一九六八年のことである。コーヒーの自家焙煎のほか、焼き菓子やケーキといったスイーツにも定評があり、上品な店の雰囲気と落ち着いた空間で山谷の男たちがスポーツ新聞を片手にコーヒーを飲む姿が見られる。

最近は女性客の来店が多いようで、時間帯によっては「満席」ということがあるほどの人気店となっている。五〇年以上続いている「バッハ」であるが、「東京珈琲四天王」の一軒とも言われているほか、二〇〇〇年、沖縄サミットの首脳晩餐会においては「バッハブレンド」が提供された。

当初、労働者の敵は「警察」であったが、一九七〇年代に入って、怒りの矛先は「手配師」へと変わっていった。労働力がほしい現場と働きたい労働者をつなぐという「エージェント業」の走りであり、双方の間を取り持つ役割を担っていた。

そもそも、手配師には三種類あると言われている。「東京都城北福祉センター」によるもの、「職業安定所」によるもの、そして「建築業者関連」の手配師である。かつて手配業をしていたという海野克己さんは、以前、定宿にしていたドヤを探し歩きながら次のように言った。

「東京オリンピック前の一九六〇年代、膨大な労働者が必要となり、連日、山谷に立っては男たちに声をかけ、バスに乗せ、現場に送り出した」

当時、彼は建築会社に属しており、現場をまとめる立場から人集めをしていたわけだが、建築業者関連のなかには海野さんのような業者以外にも暴力団系の手配師が紛れていたため労働者の反発を招

カフェ・バッハ

＊呼吸で吸い込んだり、手についたりすることで化学物質が体の中に入ること。

くことになった。

労働者が手配師に対して怒りを抱くようになったのは、彼らの仲介料の取り方に問題があったからである。手配師の多くは暴力団の構成員であり、「ピンハネ」と呼ばれる不当なマージンを取る行為が横行していたのだ。

ちょうど同時期、一九六〇年に安保闘争が起こり、学生運動が盛りあがりをみせる時期と重なる。一九六八年から一九七〇年には全共闘運動（大学紛争）があったが、それ以降は内ゲバなどの過激な事件によって運動自体が下火となった。そんな学生らが「新たな場」として流入したのが、暴動の起こっていた山谷であった。

海野克己さん

山谷運動史——一九七〇年代〜一九八〇年代

全共闘運動後、大学から廃絶されていった一部の活動家たちにとっては、最後に残ったアイデンティティを保つうえにおいて、暴動が続く山谷は重要な場所であったと思われる。元支援者の藤田五郎さんは、山谷の運動について次のように語ってくれた。

「通俗的な語り口で寄せ場の運動を見ていくと、全共闘のドロップアウト組が寄せ場に流れ、そこで労働運動を展開しながらやり直すという動きがあったと言えます。大雑把にとらえると、一九八〇年代ぐらいまでの寄せ場には、ボランティア、NPOという概念はなく、『運動』つまり『革命運動』が主だったという特徴があって、世間的に言えば『過激派の運動』ということです。反日武装戦線も山谷で生まれ、反日運動がはじまり、日本赤軍とつながり、流れは過激な爆弾闘争へと。また、一九七〇年代は差別糾弾が花開いた時期で、在日朝鮮人、アイヌ、身体障がい者、男女差別、精神障がい者、もっと掘り下げていくと『鳶《とび》が雑役を差別する』など、寄せ場はすべての差別が凝縮されている場所でもありました。学生あがりの活動家は、いや応なしに試されたと思います」

当時、まだ運動が残っていた三里塚（成田市）では、一九七八年の管制塔占拠の際、山谷や釜ヶ崎から約二〇〇人が投石に参加している。三里塚にいた人が山谷に流れたり、逆に、山谷で運動していた人が三里塚に住みつくなど、密接なかかわりがあったという。

さらに、運動史において重要なこととして、「山谷や釜ヶ崎といった寄せ場には、膨大なキリスト教者たちが力を尽くしてきた歴史がある」と藤田さんは語っている。

ある意味、「損な役割を含めて自身を投げ込む」というキリスト教者たちの姿勢は、寄せ場において大きな役割を果たしてきたという一面がある。事実、現在の山谷を見ると、関連事業所のはじまりは教会関係者であることが多い。また、自分の身を投げる、自分の人生を費やすといった信仰の精神は、労働運動で入った者とも、どこか共通するところがあるように思えてならない。

「権力を奪取し、一つの政権を夢みるということではなく、自分を変えながら社会も変える。つまり、社会改革と自己改革です。革命を本人が意識するかしないかは別として、山谷も東大全共闘の自己否定も、ある意味、自己変革して他者も変革していくということだったのかもしれません」と語る藤田の視線は遠い。

革命を夢みた若者たち

一九五二年生まれの宇賀神寿一さんは、東アジア反日武装戦線「さそり」部隊の元メンバーである。明治学院高等学校時代、ベトナム反戦運動がきっかけで活動家となり、一九七一年に明治学院大学社会学部に進学。一九七二年、山谷の労働者を支援する「底辺委員会」の会議にて黒川芳正（さそりメンバー）と出会い、越冬闘争などに参加するなかで武装闘争の思想に傾倒していった。

「一九七〇年代の山谷というのは、まだ暴動が十分にできた時代でした。組織されていないというか、指導者がいて、というスタイルではなかったので潰されやすかったけれど、自発的に出ていましたね。何かあればパーっと。とくに、夏になると労働者も仕事にアブレることがないし、アブレても、そんなにきついことがないからやりやすかったんでしょう。あのころは仕事があったから、みんな元気だったし、活気もあった。労働条件なんかのことで騒ぎになると警察も乗り出してきて、かなり暴力的に弾圧されていました。偏見なんかがあったうえでのやり方でしたね」

当時を振り返りながら、宇賀神さんは話を続けた。

「高校二年のとき、三里塚まで行きました。一九七〇年代当初は、まだかなり農民主体で闘争していた時期ですからね。僕は、あくまで野戦病院のタンカを担いでいただけ、自身を外材的なものとして考えていました。根っこにあったのは、『ただ助けたい、救援活動したい』ってこと。だから、主体になってということではありませんでした。そして、山谷や日雇い労働者にかかわりはじめたのは釜ヶ崎共闘会議、一九七二年頃からかな。寄せ場のなかで、それまでバラバラだったものが組織されはじめた時期で、山谷には支援という形のかかわり方でした。主役は労働者や農民であり、自分は常に、どうサポートしていけるかということを考えていました」

ちょうどこの時期、寄せ場にかかわり、労働運動に大きな影響を与えたといわれるのが、広島大学グループの一人、船本洲治である。一九四五年に満州で生まれた船本は、戦後、広島県呉市に引き揚げ、一九六四年に広島大学理学部に入学。しかし、大学にはほとんど通わず、神戸製鋼や日立製鋼などの飯場で働きながら、酒と詩と労働のニヒルな日々を送っていた。その間、釜ヶ崎に出入りし、初めて山谷に足を踏み入れたのは一九六八年七月のことである。

船本は、寄せ場の日雇い労働者を革命の主体と考え、暴動を扇動し、組織化するといった過激な思想により、警察から徹底的にマークされた。一九七二年三月から活動拠点を釜ヶ崎に移し、一九七四年三月に「あいりん総合センター爆破事件」の容疑で全国指名手配。逮捕者が相次ぐなか、主犯にでっちあげられた船本は沖縄コザへ移動している。

宇賀神　組織して闘っていこうと呼びかけるブレーン的な存在というのは、生粋の労働者というより、元学生らが多かった。若い女性も結構いて、地下足袋を履いて、少年っぽい格好をして日雇いの仕事に行ってたり、連合赤軍で殺された早稲田大の山崎順、芸者と逃げたやつとその恋人も山谷に住んだりしていましたね。

一九七五年六月二五日、船本は米軍嘉手納基地のゲート前にて焼身自殺をした。享年二九歳であった。単身での「決起」は船本なりの闘いであり、仲間への「檄」として寄せ場の活動家たちは受け取る。そのため、彼の遺した言葉は、一九八〇年代の寄せ場運動へと引き継がれ、「黙って野垂れ死ぬな」が越冬闘争のスローガンになっている。

山谷の闘いを支援する学生や労働者らの連絡会「底辺委員会」は、「現闘委（悪質業者追放現場闘争委員会）」が初めて行った、一九七二年から一九七三年の「越冬闘争」にも参加している。冬場、労働者が大変な状況に陥るため、それをサポートしようというもので、そのときの様子を宇賀神さんは次のように語っている。

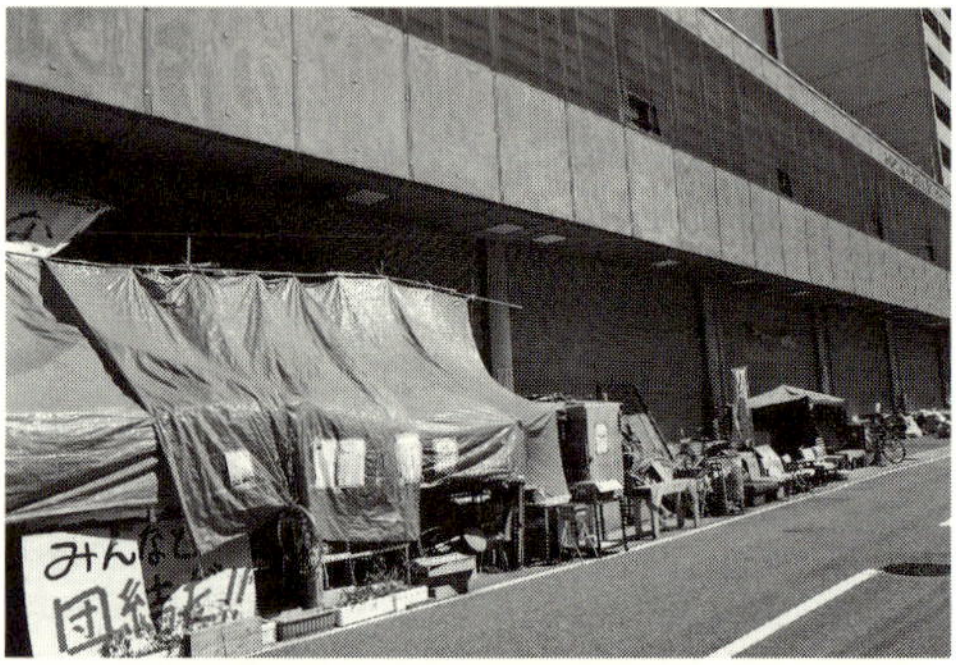

2019年の閉鎖後、「あいりん総合センター」周囲には、立ち退きに抗議する人たちが寝泊まりを続けた

宇賀神　昔はかなりの緊張感がありましたよ。玉姫公園にテントハウスを建てて、寝床のない人を連れてきたりしました。勝手に公園を占拠してやるわけだから、出入り口に人を置いて監視しながら機動隊に対応するような状態。よく「暴力団と警察は同じ」って言い方をする人がいるけれど、同じというより、警察が暴力団をある程度利用していたということではないでしょうか。警察は治安管理が目的だから、当然、暴力団側につくよね。暴力団がひどいことやってもパクらないけれど、労働者はすぐにパクったりということが日常茶飯事だった。

そもそも、山谷にかかわりはじめたのはなぜなのか。宇賀神さんにそれを問うと、「正義感」と言い切った。

宇賀神　おそらく、誰しもそういうものが基本でしょ。連合赤軍なんかも、初めは正義感だったはず。そこに何か理論的なものが入ってきて、変な方向へ行きはじめ、その揚げ句、殺しあうところまでいってしまう。それぞれの人間が、差別とか、そういうことは嫌だと言って闘ってきたわけだけれど、なぜかつまらないところでつまずき、引き返せなくなった。

宇賀神寿一さん

宇賀神さんは、一九七四年六月、黒川芳正や明治学院大の学生だった桐島聡とともに、連続企業爆破事件に関与した。一九七五年五月より指名手配されるも、地下に潜伏し、新聞販売店に勤務していたところ、一九八二年七月に東京都板橋区内で逮捕された。懲役一八年という判決後、岐阜刑務所に服役し、二〇〇三年六月に出所。出所後は、人権団体の救援連絡センター事務局員として働いている。

そういえば、仲間であった桐島聡の指名手配写真を、ドヤの玄関先でよく見かけた。宇賀神さんは桐島の居場所について、「一切、分からない。生きているのか、死んでいるのかすらも。宇賀神社で会おうって約束をしてたんですが……」と、言葉少なにこぼしていた。

「桐島が見つかった」という報道が流れたのは二〇二四年一月のことである。神奈川県藤沢市の土木会社に、約四〇年間、住み込みで働いていた「内田洋」という男性が、「自分は桐島だ」と入院先で告白したのだ。すでに末期ガンに侵されており、多くを語ることなく、その四日後となる一月二九日に亡くなった。「最期は本名で死にたい」と話していたという。

メディアでも大きく取り上げられたので、記憶に残っている人も多いだろう。一連のニュース報道のあと、ドヤに貼り付けられていた桐島の顔写真には大きな「バツ」が描かれていた。

かつて二人が再会の地とした「宇賀神社」が、鎌倉の「銭洗弁財天」であることを知ったのは随分あとになってからだ。桐島が神社にほど近い湘南エリアに暮らしていたことを思うと、四九年間、果たされなかった約束ではあるが、胸に迫るものがある。

バブル崩壊後

元々、寄せ場では野宿する者が多い。彼らのことを隠語で「アオカンもの」と呼ぶのだが、これは「青空簡易宿泊」を略したものと言われている。日雇いで働くということは、当然ながら不安定な労働形態となり、仕事に行かない日が続けば収入はなくなり、ドヤ代が支払えないために野宿をするしかない。

とはいえ、日雇い中心の山谷ではアオカンはある意味「当たり前」であり、日常の一風景、生活の一環のようなものであった。それは、稼ごうと思えば働く機会があり、何とかなる時代でもあったからだ。

野宿が路上生活に変わったのが、一九九二年のバブル経済が崩壊して以降のことである。アオカンの理由が、「仕事はあるが行かない」から「仕事がないから行くところがない」に変わったわけである。この変化は、「一時的」なものが「恒常的」になったとも言える。バブルが弾けたことで土木建設業界は直撃を受け、工事が激減した。その結果、調整弁としての日雇い労働者がまっ先に切られることになった。

かつての「いろは会商店街」

2018年にアーケードは撤去された

さらに、高度成長期を支えてきた日雇い労働者の多くが七〇代を迎え、高齢化とともに離職に拍車がかかったとも言える。長きにわたった肉体労働と暴飲暴食という生活の影響も少なからず彼らの健康状態を蝕み、生活保護の受給者も増えていった。

ドヤの住人は、住居をもたない生活保護受給の元日雇い労働者が中心となり、路上には、アオカンではなく半定住化した路上生活者が目立つようになった。労働者の街であった山谷は、いつしか「ホームレスの街」や「福祉（生活保護）の街」と呼ばれるようになっていく。

そして現在、多くのドヤが外国人向けのゲストハウスにリニューアルされたほか、老朽化した建物は取り壊されて更地になり、その跡地にできたのが、狭い敷地とはアンバランスな、高く伸びる細長いマンションである。

「いろは会商店街」を覆っていたアーケードは、東日本大震災後から倒壊の危険が指摘されていたが、二〇一八年に取り払われている。路上生活者にとっては、商店街自体がシェルター的な役割をしていたのだが、屋根を失ってからというもの、彼らの姿はほとんど見られなくなった。

第2章

映画『山谷《やま》——やられたらやりかえせ』

労働争議、中央が山岡強一（撮影：南條直子）

二人の監督

自転車でまっ直ぐ走ると、「いろは会商店街」（前掲写真参照）を出たすぐ左側に「山谷労働者福祉会館」（第5章参照）があり、その玄関先には毛布と布団が無造作に置かれている。一九九〇年に建設された会館は、全国の協力者と労働者の力で建設されたもので、日雇い労働者、路上生活者、支援者がともにつながることを目的に、現在もその活動の拠点となっている。

数年前に塗り替えを終えた「神の愛の宣教者会　山谷の家」（修道会本体の創立者はマザー・テレサ）は青とグレーの外壁になり、外国人の神父さんがよく出入りしている。泪橋の交差点を渡り、少し東に行くと「城北労働・福祉センター」（以下、センターと表記）がある。かつては現役の日雇い労働者であふれかえった時代もあったが、今は無料の職業紹介のほか、生活相談や応急援護など福祉的な支援が中心となっている。地下は誰もが自由に利用できる憩いスペースになっており、テレビを鑑賞したり、仲間内で囲碁や将棋をさしたり、お湯が使えるためにここでカップ麺をすすっている人がたくさんいる。さらに、冷暖房も完備されているため、路上生活者にとってはここが命を守る場所となっている。

城北労働・福祉センター

センターの前で、何人かがコンクリートの縁に腰をかけて談笑していた。そのなかの一人が「お

う、もう終わったのか？」と声をかけてくれた。紺のニット帽をかぶり、ドン・キホーテのキャラクターである青と黄色のサンダルを履いた桑原さんだ。近くのドヤに住んでいて、私を見かけるといつも声をかけてくれる。自転車を停め、ひと言ふた言交わし、「じゃあ」と言って手を振る。

「あかぎ荘」の角を一本入ると、黄色と緑の屋根のついたコインロッカーがあって「一二時間一〇〇円」と書かれた文字が目立つ。向かいには、格安弁当を配る「まりや食堂」の明かりが灯っており、何人かが列をなす。その先にパーキングがある。以前、「桜井パン屋」があった場所だ。

吉野通り（都道464号）の向かいには「ホテルパレスジャパン」があり、その横に建っていたのが「マンモス交番」で、現在は「いろは会商店街」の入り口付近に移動している。いつのまにか路地裏にゴミの山ができるこの街では、近頃、交番の前に四つの大きなゴミ捨て場が設置された。

吉野通りを出て南千住方面を見ると、泪橋交差点の左角にセブン‐イレブンがあるが、そこはかつて「世界本店」とい

コインロッカー

現在の日本堤交番（マンモス交番）

う立ち呑み屋で、多くの労働者が通った場所である。一九九〇年代にコンビニとなったが、そのガラス戸をよく見ると、緑の文字で「世界本店」という名前が今も残っている。

泪橋交差点の手前、「ホテル浅草会館」の横に、二〇一九年二月にオープンしたのが「泪橋ホール」である。開店前に配られたチラシには、「昭和の古き佳き映画を見れる映画喫茶」と書かれていた。「映画喫茶」、初めて耳にする言葉である。オーナーは写真家の多田裕美子さん。二〇一六年に『山谷　ヤマの男』（筑摩書房）という写真集を出版されている。この「泪橋ホール」がある隣りの場所で、ご両親が「丸善食堂」という店を長らく営業されていた。

多田さんに、開店の経緯や写真集の出版について尋ねてみた。

多田　生まれも育ちも浅草で、幼いころから「ここでの商売を他人に言うな」と親から言われて育ちました。なぜなら「山谷」だったからです。大人になって、ここの人たちは他人に後ろ指をさされるようなことはしていないことが分かってくる。自分はカメラマンをしていましたから、隠し撮りではなく、ここの住人たちを撮りたいと、

泪橋のセブン - イレブン
ガラス戸には「世界本店」の名が残る

二〇〇〇年前後の二年ほど玉姫公園に通い、一四〇名のポートレートを撮影しました。当時はまだ、身の上話を聞いてはいけないルールのようなものがあり、とにかく顔だけでいいと。山谷と語らなくても、説得力がある、力強いものが見る人には届くと信じていました。

二〇一六年、撮りためた写真を一冊にまとめることになり、改めて山谷のことを知りたいと、「友愛会」（第6章参照）の施設で宿直の手伝いや食事づくりなどをした時期があるという。

多田　働くうちに、改めて山谷っていい街だなって思うようになりました。生まれ育った浅草は面白い街で、ある意味、猥雑さが魅力。その浅草で排除の流れをひしひしと感じていて、ふと見たら、こんな近いところに、いろんな人たちを受け入れる素晴らしい街があるじゃないって気がついて。福祉ではないもので、私なりにこの街で

左：多田裕美子さん
右：多田さんの著書『山谷 ヤマの男』

できることはないかと考えはじめ、娯楽的なものがない、「そうだ映画だ」って思い立ったんです。

こうして一念発起した多田さんは、山谷で物件探しに奔走し、準備も含めて一年ほどで「泪橋ホール」を開業するに至っている。安宿の並ぶこの街で、安価な料金で映画や音楽を楽しめる「映画喫茶」という新しい空間だ。とはいえ、周囲からは「なぜ、今さら山谷で商売をするの？」という声が上がったという。

多田　写真がアナログからデジタルに転換していくなかで、自分の居場所を探していたのかもしれません。そういうなかで山谷という街を発見した。この街にこだわり、娯楽を真ん中にすえることで、立場や壁を越えることができ、ひとときでも何かにつながったらいいなと思います。きれい事ですが、それは間違っていなかった。娯楽というだけで話が膨らんだ

泪橋ホール

り、交流が生まれたり、と。お店をやって本当によかったと思っています。

緑を基調にしたお店で、ガラス戸を開けると左にピアノがあり、壁には昭和の名作映画のポスターが飾られている。もちろん、映画の上映ができるスクリーンがあり、この日も、映像とともに音楽が流れていた。

厨房の前、一番奥の席に小見憲さんがおり、右端では、「ねこさん」という常連のおじさんが静かに一人呑みをしている。メガネをかけたグレーヘアの小見さんが、いつもと変わらず軽やかな佇まいで手を挙げた。

「なんか若返りました？」

「いや、痩せただけ。ズボンが落ちるから縛ってるんだよ」

と言いながら笑っている。

おすすめの餃子（一皿四〇〇円）をオーダーし、飲めない私はお茶を出してもらった。

小見さんというのは、映画『山谷《やま》──やられたらやりかえせ』の上映委員の一人である。七人ほどいるなかで、映画の制作当初から携わっているのが小見憲さんと池内文平さんの二人だ。この作品は一九八五年一二月に発表されたもので、監督は「佐藤満夫」と「山岡強一」の二人である。そして、この二人が殺されるに至ったという異色の作品だ。

一九八四年一二月二二日、薄曇りの早朝、監督の佐藤満夫は、金町一家西戸組の筒井栄一に背後から柳刃包丁で刺された。路上に倒れ、まだ微かに息のある佐藤自身の姿が映画の冒頭に流される。その遺志を継ぐ形で監督を担ったのが山岡強一である。そして山岡は、一九八六年、映画の上映がはじまったあと、新宿の路上で射殺されている。

監督二人が亡くなるという悲劇がこの映画に影を落としているという側面があるにしろ、四〇年近くなるモノクロ映像は当時の山谷を知る貴重なものであり、日本ドキュメンタリー界を代表する作品として国際的にも評価されはじめている。二〇一八年には「ベルリン国際映画祭」に招待され、とりわけ若い世代からの注目度が高かった。また、「アムステルダム国際ドキュメンタリー映画祭」からもオファーを受けるなど、海外からの招待を受けるまでに至っている。

「日本だとね、このタイトルには抵抗があるよね。正直、反対もあったの。殺《や》られたら殺りかえせって、誤解される

左：映画のパンフレット
右：「山谷　制作上映委員会」の小見・上山・池内の各氏

タイトルであるのは確かだし。でも、話し合いの結果、一致してこれになった。やられっぱなしの下層労働者がやりかえすっていう想いは伝わるし、今となってはこれでよかったと思うよ」

ビールを片手に、小見さんが懐かしそうに語った。ちなみに、タイトルを描いたのは、日本を代表するタイトル画の巨匠である赤松陽構造《ひこぞう》さんである。

「赤松さんは、元々はカメラマンだった。それを断念して、タイトル屋になって。ヤマのタイトルやったときは今ほど有名じゃなかったけど、それでも『東京裁判』（東宝東和、一九八三年公開）なんかもやってたしね。お金とか払ってなかったけど、チャチャっと書いてくれたんだ」

映画の背景

映画『山谷《やま》――やられたらやりかえせ』の背景について説明しておこう。

「労働力の青空市場」とも言われる「寄せ場」には、古くからそれを統率するヤクザ、つまり暴力団と共存してきたという側面がある。たとえば、一九一五年に結成された山口組は、元は労働者供給業者で、神戸の港湾業務に携わる人夫を集めていたというのがはじまりである。

まとまった労働力を保持、管理するには、それなりの力量が必要だ。労働力が必要な場所と、働く場を求めている者。この両者をつなぎ、采配するヤクザは、非常に重要な役目を果たしてきたわけだが、戦後、その「支配体制」がより強固なものとなり、力関係があからさまになっていった。その元凶とも言われたのが、一九四七年に出された「職業安定法施行規則」の改正であった。

　当初の職安法は、ＧＨＱの肝煎りで制定されたと言われ、中間搾取や強制労働につながる雇用関係を禁止していた。しかし、一九五二年の法改正によって「請負契約」が緩和され、暴力団がらみの手配師とそこから紹介される強制収容所、いわゆる「暴力飯場」が生まれたとも言われている。

「昔はひでえ飯場がけっこうあってよ。手配師にだまされてついてったら、監獄みたいなとこにぶち込まれて。働いたって金はもらえねえ、文句言えば殴られて、夜中に高いフェンスの下に穴掘って逃げ出したとか、そういう話はゴロゴロしてた」と言うのは、東北出身の元日雇い労働者である。賃金のピンハネや拘禁状態での暴力が当たり前、という時代であった。

「タコ部屋」と呼ばれる飯場には、たいてい暴力団が一枚噛んでいた。そういった状況を打破しようと、一九六〇年後半から「寄せ場」では「暴力手配師追放」を掲げた「暴動」が頻発していくことになった。規模の大きかった大阪・釜ケ崎では、とくに激しいぶつかりあいが繰り返し起こっている。

飯場（撮影：大島俊一）

　しかし、一九七三年、第四次中東戦争によるオイルショックが引き金となって経済不況が「寄せ場」を直撃し、大量のアオカン（野宿者）が生み出され、「アブレ」と呼ばれる失業者が増大する冬の時代へと突入した。

その結果として、劣悪な条件の労働場所、いわゆる「ケタオチ」の飯場が広がり、一九七〇年代はヤクザによる労働者支配が強化されていった。これに対応する形ではじまったのが労働組合運動である。


一九六〇年代の後半より暴動が頻繁に起こっていた山谷には、二〇代、三〇代の若い活動家が自然と流入し、一九七〇年代、一九八〇年代と、浮き沈みを繰り返しながら活動を続けていった。その状況は、砂粒のようにバラバラになってしまう労働者同士を連帯させ、団結させることで権力に立ち向かっていかざるを得ないものであったと言える。

地下足袋に七分ズボンという土方スタイル、捻り鉢巻きをした男たちが山谷の街を練り歩いた。そんな彼らの叫ぶスローガンに大きな刺激を受けた活動家の一人が、次のように振り返った。

「今までの自分たちが体験した労働運動や学生運動とは違う、土俗的なものを感じ、『ここに本当の労働者の運動がある』と感じるようになった」

この運動が目に見えて展開されていったのが一九八〇年前後である。その大きなきっかけとなったのが、一九八一年に結成された労働組合「山谷争議団」である。

現在、泪橋ホールがある一本裏の路地にあった「池尾荘」に事務所を構えていた山谷争議団は、セクト的な組織とは違い、より流動的で自由な雰囲気のグループであった。思想を越えた、さまざまな人間が合流した組織体であったという。当時の活動家が次のように説明してくれた。

「党派は関係なし。青（解放）系もいれば、赤旗派、蜂起派、アナ、ノンポリの学生もいたし、とにかく、いろんなのが混在していたよね。路線の違いがあっても山谷争議団として一緒に動き、不正のあった会社に直接行動を起こして労働運動をしていた。元々シノギをやっていたのに、山谷争議団に説得されて反省し、まともな仕事をするようになったチンピラなんかもいたりして。統率するっていう感じじゃなくて、みんなで、ごちゃごちゃ手探り状態ではじまった」


元山谷争議団のメンバーであった三枝明夫（三ちゃん）さんは、一九七二年の暮れ、親戚が運営していた大阪の職場から衝動的に蒸発し、山谷にたどり着いている。

「漠然と東京を目指して新幹線に乗り、車中で岡林信康の『山谷ブルース』（一九六八年）が思い浮かんで、着いた八重洲口のキオスクの女店員に『山谷はどう行ったらいいんですか？』と聞き、侮辱の視線を向けられたことを覚えている」


このように話す三ちゃんは、当時二三歳だった。朝鮮人の経営する喫茶店に拾われ、山谷での生活がはじまったわけだが、そのときのことを次のように話してくれた。

「そこは二四時間営業で、夜な夜な、オカマをはじめとした怪しげな人種のたまり場となっていた。酔っぱらいの醜態やケンカ、この街のすべてが興味深く、毎日が新鮮、かつ刺激的で、そこには、とても日常の倦怠などが入り込んでくる余地はなかった」

喫茶店の経営者からは、「君のような青白いやせっぽちには、山谷の肉体労働はとても無理」とたびたび言われていたが、宿泊先がドヤであったため、そこにいた同年代の若者とすぐに友達になり、彼らに導かれ、やがて日雇いの道に「入門」となった。そのうち、労働組合の少人数の練り歩きに夜毎出会うようになり、「寄せ場」にいた先輩の文学青年と袂を分かち、組合員となって「寄せ場」での労働運動をはじめた。

このような経緯をもつ三ちゃんだが、高校三年生のときには自殺未遂という経験がある。「当時の僕は、よくありがちな太宰治少年の一人で、日常の生に充実感をもつことができず、何か深い倦怠感に支配されていた。その反対に、非日常の死に強いエロスを感じ、薬局で買ったハイミナールを飲み、城山の石垣から転落したところまでは記憶がある」と振り返った三ちゃんだが、当時、気づいたら病院で、ハイミナールの服薬量が多すぎて嘔吐したという。転落のケガも擦り傷程度ですみ、幸運にもこの世に蘇生することになった。

その後の生活は、その深い倦怠感に対抗できるものではなかったが、山谷の「寄せ場」に来たことで、「その倦怠感はいつの間にか消えていたような気がした」と語っている。

「日大闘争の落書きに『生きてる生きてる生きてる　バリケードという腹の中で生きている』とあったが、同じ充足感が僕を支配していた」とも言う三ちゃんが一番「生」の充実感を味わったのは「暴動の瞬間」であった。

日頃なら絶対に勝てない警察官やヤクザが惑《まど》う瞬間。そこには、日常の秩序における逆転があったという。その逆転が精神の浄化（カタルシス）につながり、日雇いとしての社会における存在の希薄さ、いわゆる居場所のなさの日常を、やっと耐えうるものにしてくれていたと言うのだ。

フォークシンガー・山崎ハコの代表曲に『気分を変えて』という歌がある。

♪ゆううつな毎日をどうしよう
歌をきいても酒をのんでも直らない
いつもの彼のぬくもりもほしくない
ザーザー雨ふる鋪道に一人で泣きたいよ♪

「彼女の歌が好き」と言う三ちゃんは、周りから「趣味が暗いよ」とよく言われたと、苦笑しながら続ける。

「僕の根底にある倦怠感と通底するものがそこにあります。実は、この倦怠というやつは、僕やハコさんの個人的な問題ではなく、現代という時代のとても普遍的な問題だと思うのです」

一九八三年二月、「寄せ場」を取り巻く空気が一変するような事件が起こった。横浜市寿町の近辺

横浜・寿町（撮影：小林直樹）

にいた野宿者三人が死亡した「野宿者連続差別虐殺事件」である。凍てつく寒さに震えながら野宿していた十数名が襲われ、その遺体が山下公園のゴミ箱に投げ入れられたのだ。加害者が中学生を中心とする一四歳から一六歳の少年であったことで、日本社会に与えた衝撃は大きかった。

その後も野宿者への襲撃は後を絶たず、そのような社会的な背景のもと、「全国日雇労働組合協議会（日雇全協）」が誕生している。「日雇全協」は、「釜ヶ崎、山谷、寿町、笹島（名古屋）」という四大寄せ場において活動していた組合が初めて連携した全国組織である。この結成によって、それまでにはなかった寄せ場間の交流がスタートし、互いに手を取り合うというルートが形づくられていった。

一九八三年一〇月、横浜の汐入から明治通りに面した事務所に移転してきていた「西戸組」が、山谷争議団メンバーに脅しの言葉を掛けるようになった。

西戸組は路上賭博やノミ行為などを行う博徒グループで、山谷界隈を仕切っていたヤクザである。彼らが、業者や手配

釜ヶ崎で結成された全国組織（撮影：南條直子）

師を束ね、一気に組織化するために寄せ場に現れたのが一九八三年一一月頃だ。長期化する不況によって、ヤクザもそれまでのやり方ではやっていけない状況となったが、あからさまな暴力は世間からの批判も大きく、社会的に認知される形をとる必要があった。これらが理由で、「大日本皇誠会」が誕生することになった。

本家にあたる金町一家は、一九五八年に結成された「日本国粋会（一九九一年に「国粋会」に改称）」の傘下にあり、台東区清川を拠点に、激戦区の一つとして数えられる今戸、橋場、吉原一帯を仕切る暴力団である。ちなみに、七代目総長が、二〇〇五年に六代目山口組の最高顧問となった工藤和義であり、二年後、内部抗争の末、山谷にあった自宅の二階で拳銃自殺を図っている。

ここで抑えておくべきことは、この時点では、金町一家は直接的なかかわりをもっていないということである。表向き、本家の預かりという形で分家の「西戸組」を抱えてはいるが、素人相手に出る幕ではない、というのが本家のスタンスであった。子どものケンカを横目で眺めるような状態であったとも言える。とはいえ、対西戸組だけでなく、のちには本家・金町一家と労働組合の抗争が中心軸となり、山谷における一九八〇年代を貫くことになった。

現在、セブン‐イレブンとなっている「世界本店」の前に「大日本皇誠会」が装甲車を乗り付けたのは一九八三年一一月三日。朝の「寄せ場」に迷彩服姿で登場した彼らに対して、山谷争議団をはじめとする労働者約一〇〇〇人が反撃し、車を炎上させている。

翌日の四日、山谷争議団のメンバーに対する殺人予告のビラがまかれると、「兇器準備集合罪」で三二名が逮捕された。さらに、山谷争議団のメンバーの一人であった冬樹（三瀬秀伸）が西戸組に監禁されてしまう。リンチの際に西戸組が押収したカメラは、「プロローグ」で紹介した南條直子のものであり、そのフィルムなどの資料をもとに彼は「面割り」を強要され、支援者らの情報が流出したと言われている。

その後も、山谷争議団事務所に対する金属バットやゴルフクラブでの襲撃が相次ぎ、応援に駆け付けた「国粋青年隊」（全日本愛国者団体会議関東協議会加盟）が二〇台の宣伝カーを連ねて登場したということもあった。

当時のマスコミは、この騒ぎを傍観しながら、「ヤクザvs組合」の抗争であると位置づけていた。しかし、事はそれほど単純なものではない。権力の弾圧があったにもかかわらず労働者自らが西戸組を包囲し、彼らの動きを逐一監視しながら一七〇日間にも及ぶ迎撃戦を繰り返していたのだ。組合と一体化しながらの、まさに「労働者主体の闘い」であった。

一九八四年四月、「大日本皇誠会」は事務所を撤退させ、新たに結成したのが「互助組合」である。「互助組合」というのは、そのころには三〇〇ほどあった建設関連などの業者をまとめあげ、それぞれから会費を徴収することを目的として立ちあげられたグループである。近年、問題になっている人材派遣会社の前身のような構造で、下から絞りあげ、上が巨大化して君臨するという形態は過去も現在も変わらないようだ。

一時、平穏の戻っていた寄せ場に、模擬刀や鉄パイプを持ち込むなど暴力的な形で西戸組が出現したため、労働組合との対立が再びはじまり、互いに逮捕者を出しながら攻防が広がっていった。

対立構造ができあがった一九八四年ころから寄せ場にかかわりはじめていたのが、先に紹介した監督・佐藤満夫である。そして、当時の山谷争議団のリーダー的な存在であったのが監督・山岡強一だ。

泥沼化する抗争の行方

一九八四年一一月、激しい攻防の末に西戸組が「互助組合」の事務所を放棄すると、朝の「寄せ場」に姿をパタリと見せなくなった。同時期、寄せ場には映画撮影をスタートさせたばかりの佐藤満夫の姿があった。

一九四七年に新潟県南魚沼町で生まれた佐藤は全共闘世代である。高校三年で上京し、大学に入学したものの、授業などがないため、浪人をして早稲田大学に入り直そうとしていたが、浪人の身のまま東大闘争へと進んだ。そして、一九六九年に東大列品館（東京大学工学部）で捕まったために大学を諦め、斎藤龍鳳（一九二八〜一九七一）などの影響を受けて映画界へと進み、山谷の活動にかかわりはじめることになった。

「性急な性格」で、黒メガネをかけ、いかにも無頼派といった風貌であった。佐藤はいわゆる「前のめり」になるタイプであり、猪突猛進でケンカも強かった。歩いていて人にぶつかっても平気、口も達者、相手がしつこいと手を出してしまうが、心優しく、繊細な面があったという。

「飼っていた猫がいなくなったときは、本当にしょんぼりと小さくなってさ。からかったら、本気で『やめてくれよ』って言ってた」と、おかしそうに話す小見さんが次のように言葉を続けた。

「俺は大学を出ちゃったんだけど、就職もしないでふらふらしてて。旅するわけでもなく、図書館に引きこもって。映画を撮りたかったんだよ。それで、シナリオの学校行こうと思って、新藤兼人のシナリオ学校に入った。そこで一緒になったのが佐藤と、のちに赤松の連れ合いになる川口和子さんだったの。佐藤はドキュメンタリーではなくて、創作したかったんだよね。立松和平（一九四七〜二〇一〇）の『火の車』（集英社文庫）に収録された中編小説『荒れた光景』という作品にえらい感銘を受けてさ。当時、立松さんは宇都宮に住んでたから、そこまで会いに行って撮らせてくれって頼んでいる。立松さんは、佐藤の勢いに了承したみたいだけどね」

佐藤は山谷に暮らしていたわけではなく、支援というスタイルで、夏祭りや越年越冬の活動などにかかわっていた。その間は映像を撮らず、支援とはいえ、活動家より熱心であった。

一年ほどが経過し、自らやりたい企画もある、立松和平の映画も撮りたいが、それほどうまく事が運

佐藤満夫

ぶわけもなく、お金という問題もあった。そして、目の前にある運動を見たときに思い立った。

「まずい、これは撮らないといけない」

こうして、山谷撮影班の佐藤組が発足された。

「この映画に取り組むことによって、一五年続けた稼業の垢を洗い落し、生まれ変わりたいわけです」

この文章は、佐藤が山谷の仲間たちに向けて、映画について訴えるために用意したもので、「映画で腹は膨れないが　敵への憎悪をかきたてることはできる」の一節である。

先に紹介した制作上映委員会の池内さんは言う。

「佐藤さんは一五年目にして初めて『生まれ変わりたい』と思ったわけではなく、一五年間、ずっとそう思い続けていたんだと思う。一五年前、つまり一九六九年の東大闘争。佐藤は占拠した列品館で逮捕された。一五年の垢とは稼業の垢だけではなく、全共闘後の愚劣な一五年も意味している」

当初、支援というスタイルで山谷に入り、一九八〇年頃から山谷の撮影をしてきたフォトジャーナリストの大島俊一さんは、佐藤についてこう振り返る。

「元々、彼は映画をつくるつもりで山谷に入ってきたわけではないので、本人も結構悩んでいた。そのなかで、自分がどう向きあうのかということで、山谷を撮ろうとカメラを回しはじめた。越冬の記録を撮りたいから、ということで僕にも声がかかり、佐藤さんと一緒に現場スタッフとして映画づくりを手伝い出したわけです」

佐藤が「寄せ場」にカメラを持ち込んだのは一九八四年一二月である。撮影された映像について小見さんはこう説明する。

「トップシーン、泪橋からのシーンは佐藤。都庁団交、センターのシャッターが上がって労働者がもぐるようにして入っていくシーン、玉姫（公園）で野垂れ死にしたシーンも彼が撮ってる。あとはだいたい山岡さんだね。勝手にカメラマンがぶん回してたのはあるけど。カメラマンは、最初は一人、あとは助手も来ていた。当時の撮影はとにかく目立つ。一六ミリでしょ、カメラなんて肩にかつぐわけだからさ、照明もいて、今みたいにスマホでこっそり撮るなんてのとは話が違う。しかも、場合によっては光量もあるからね。照明があって、音の問題もあるし、三人以上は必要。だから、現場に行ったら監督が絶対。ただ、殺されるなんて思っていなかった」

撮影から一か月と経たないその月の二二日午前七時一五分頃、佐藤が「桜井パン屋」で食パンを買い、店を出たとき、ヤッケを頭からかぶり、白いマスクで顔を隠した一人の男が前のめりで近づき、背後から体当たりした。柳刃包丁を持っていたのは西戸組の筒井栄一であった。

彼は佐藤を刺殺すると、その足でマンモス交番へ自首し、すぐに

大島俊一さん、元山谷争議団事務所の前で

パトカーで浅草警察署へ連行されていった。

刺された佐藤は、ほぼ即死状態のなか、最期の言葉が「追え！」のひと言であったという。桜井パン屋の主人がすぐに救急車を要請し、日本医大の救急救命センターへ搬送された。病院到着までカメラは追い続け、監督の最期を映し出した。享年三七歳であった。

当時、争議団の中心メンバーを務めていたM氏と背格好が似ていたことから、西戸組側の「誤爆ではないか」という噂も飛び交ったが、結局、事の真相は闇の中、究明されることもなく葬られてしまった。この事件を振り返って、小見さんが次のように話してくれた。

「野田屋本店（いろは会商店街、最後の酒屋）があったときはさ、あそこで酒買って佐藤さんが殺された場所に酒かけてやってたんだよ。それで考えるんだよな。なんでアイツ死んだのかなって。あいつ目立つんだよ、支援なんて目立たないのにさ。相手からしたら、支援者ではなく、争議団の幹部だと勘違いしたのかもしれない。そいつがカメラを構えている——カメラを向けられたヤクザにとっては、悪事をばらされちゃうわけだからまずいんだね」

これは、現在は駐車場に変わってしまった桜井パン屋の跡地で聞いたことである。一方、大島さんはこう回想する。

桜井パン屋の跡地

「二一日の夜、マイクを返す用事と仕事があったので山谷を離れていました。そしたら刺殺されたという連絡が来て、僕もすぐに現場に駆け付けた。夕方、暴動が起こって、写真を撮りながら映画のフィルムを回しました」

立松和平の著書『世紀末通りの人びと』（毎日新聞社、一九八六年）に、当時、佐藤と行動をともにしていたカメラマン高田明氏のコメントが掲載されているので紹介しよう。

◇◇

監督の遺体は荷物のように担架にほうりだされて浅草警察署に運ばれた。それから東大で司法解剖されたんだ。筒井のつくった傷は左の腰なのに、顎のところから全身にわたって大きく身体を刻んで、畳を縫うような糸でおおまかに縫い合わせてあった。山谷に戻っても、オレ、どうしたらいいかわからない。町にぼんやり立っていると、労働者が次々にやってきて、皺くちゃの五百円札とか千円札とかをオレのジャンパーのポケットにいれるんだよ。口々にこういうんだ。「映画をやめないでくれ」。オレが金には困ってないっていくらいっても、受けとろうとしないんだから。オレは一面識もない人なんだよ。桜井パン屋の前の路上には祭壇がつくられて、誰からともなく焼香がはじまってるんだ。焼ノリの大きな広口ビンは、御霊前の小銭でいっぱいになってるんだよ。夕方になってから、オレは撮影を再開した。（前掲書、二一九〜二二〇ページ）

佐藤が刺されたその夜から明け方にかけて、数百人の労働者が抗議の声を上げ、車を炎上させるなどといった擾乱《じょうらん》が巻き起こっている。ドヤ街のあちこちには、「12・22 佐藤監督虐殺」というビラや顔写真入りのステッカーが貼り付けられた。

「佐藤監督の死」は「ファッショ化」の顕現《けんげん》だとして、争議団を主軸とする「ヤマの人間（労働者）」はズブズブの対ヤクザ戦へと突入した。すぐさま、党派がらみの学生など、外からの支援者が一気に増加し、「暴力団VS組合」という構図が全面に押し出され、動き出してしまった抗争への流れは誰も止めることができなかった。そのため、政治的な意味合いが色濃くなり、主役のはずの「労働者」は置き去りとなり、闘いから徐々に乖離してしまっていく。

ドキュメンタリー映画の完成

佐藤が撮影しようとしていた映画は、その後、有志らの手よって撮影が再開されている。監督不在のなか、仲間が集まって話し合いがもたれ、佐藤の想いを継ぐ形で「山谷制作上映委員会」が立ちあがった。制作委員のなかには山岡強一の姿もあった。北海道で生まれ、沼田町の昭和炭坑で育った山岡は、一九六八年に上京し、日雇い労働者として山谷入りした。その後、長きにわたって山谷争議団のブレーン的な役割を果たしてきた。山岡は、どこの党派にも属していなかったからこそ「核」になれたという稀有な存在であった。

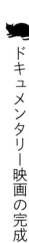

動き出した映画制作ではあったが、問題になったのは誰が監督を務めるかである。

「山岡さんは人格者だし、想像力もある。頭がきれる人じゃないとだめだし、適任だってなったのに、山岡さんはずっと監督だけは固辞してた。やったことないしって。今考えると、あのころの四五歳って、すごい上だったたんだよね」

このように話す小見さんが言葉を続けた。

「すでにタイトルの『山谷　ヤマ』は決まっていて、ナレーションは俺と山岡さん二人で書いていた。山岡さんは撮影、編集、音入れと全部にかかわり、素人だけど監督的な仕事は全部やっていたわけ」

撮影のはじまりは靖国神社である。佐藤が書いたシナリオを土台にしていたが、基本的に内容は変更されている。その考案者はもちろん山岡であった。撮影班の一人として最後まで携わった大島さんはこうも言う。

「佐藤さんが殺されたからといって撮影を止めるわけにもいかず、とはいえ、回すだけじゃまずいということで上映委員会ができていきました。とにかく資金がないですから、カメラ代なんかは話をつけて、ほとんどタダ同然で借りてきたり、フィルムも端尺《はじゃく》といって短いものを使い、撮影期間は一年ぐらいでしたが、みんなただ働きでなんとか完成させることができたんじゃないでしょうか」

ついに完成したドキュメンタリー映画だが、スタッフ紹介をどうするかで頭を悩ました。

小見　監督・山岡強一、ってのはどうしますかねって。佐藤満夫と並列にしようと提案したのに、山岡さんが断固拒否。それで、じゃあ山岡さんが受けないなら、みんなで名前を入れようってことになった。

結局、製作・監督は佐藤満夫とあり、あとは制作上映委員会に属するメンバーの名前を列記した。そのなかに山岡強一が入っている。

一九八五年一二月、完成された作品の上映が各地ではじまった。映画のなかで暴動シーンが流れる。当時、山谷通り沿いにあった「丸善食堂」では、危ないからと、シャッターを閉めて店を営業していたという。

「中学の終わりか高校の初めごろ、いつも両親は食堂の仕事を終え、〇時くらいに帰ってくるんですが、父よりも母がいつになく疲れているように見えて。その際に母が『店の前で車が炎上してるのに、お客さんは満員。危ないから帰ってほしいと頼んでも、そんなの関係ねえって呑んで帰らないし。仕方ないからシャッターを閉めて営業してた』とこぼしていました。『ヤマの男たち』の撮影をしていた時期に、初めて『山谷《やま》——やられたらやりかえせ』を観に行きました。そうしたら、映画の初めのほうで丸善食堂がバーンと映し出され、子ども時代の記憶とあの日の母の姿がつながったんです。母も含め、お店のなかにはたくさんの労働者たちがお酒を呑み、至福の時間を堪能している。一方、道路を挟んだ向こう側では闘っている人がいる。シャッター越しに、いろんな立場の人が同居して、いろんな想いをもちながら過ごし、一生懸命生きている。そういうものを感じたらもうたまらなくなり、映画を観ながら鳴咽してしまいました」

と話してくれたのは、泪橋ホールの多田さんである。

それまで一歩身を引き、傍らで見つめていたはずの本家総体が参戦する事態を招き、悲劇的な状況へと突き進む。第三期「金町一家戦」。それにしても、殺しも厭わないプロ集団の本家が、なぜ素人相手に本気になったのだろうか。ここに至るまでには、無意識のうちに敷かれた「伏線」があったと言われている。それが、一九八六年一月三日に起きた「本家襲撃事件」である。

組にとっては大変重要な意味合いをもつ年始の「組開き」。その節目の儀式を前に、山谷争議団のメンバーや支援の学生らが「金町一家」のシャッターを打ち壊したと伝え聞く。日を追うごとに拡大し、増幅していく相手へのむき出しの感情が「本家襲撃」を引き起こしたのかもしれない。「金町一家」にすれば、その襲撃は顔に泥を塗られるような、許されざる「侮辱行為」に映ったことだろう。そもそも、当時の状況からすれば、本家との衝突は時間の問題であったことは想像に難くないが、結果として、この事件が一つの引き金となり、「金町一家」総体を登場させることになった。

襲撃された本家は、即座に報復の策を練った。そして、その標的となったのが、山谷争議団の中心軸、

山岡強一

日雇い労働者運動の担い手、山岡であった。

一九八六年一月一三日午前六時過ぎ、自宅のあった大久保の路上、金竜組の保科勉より至近距離から胸や頭に短銃の弾丸を四発受け、冬の冷たいアスファルトの上に倒れ込んだ。

大島　山岡さんが亡くなったのは、映画がきっかけだったのかどうかは分からない。ただ、金町はずっと目をつけていたんだと思います。撮影への妨害は、警察からも、金町からもありましたし、警察っていうのは本当によく同行を調べていて、撮影していると嫌がらせをして写真を撮らせないいんですね。徹底的に傷つけて、排除していくようなやり方。情報もかなりのものが金町に流れていたようです。だって、僕ら仲間同士が知らない本名を金町が知っていたりするわけですから、それは警察から流れているとしか思えないですよね。

立松和平との対談で、「あなたにとって山谷とはどういうものですか？」との質問に、山岡は次のように答えている。

◇◇◇◇◇◇◇◇◇

山谷の人間は外から見るほど惨めじゃないいんだよ。そんなことはわかってると思うけど。みんなしたたかさを持って生きているんだ。その複雑なしたたかさが見えない時、外部の人間は、こわいといって差別してくるんだ。みんなは愛すべき単なる酔っぱらいだからなあ。山谷にいる人間は、みんな何らかの事情で故郷に帰れないいんだよ。出稼ぎにきて、身体をこわしたり、世間的な間違いをおこしたりして、糸が切れたようになってしまった。流されて、共同性が失われる。流れ流れて、似たもの同士が集まっている不思議な共同性にたどり着く。そこが山谷なんだ。（立松和平『世紀末通りの人びと』毎日新聞社、一九八六年、二三一ページ）

翌日の夕方、山谷では怒りの暴動が引き起こされた。どこからともなく集められた数十ケース分の火炎ビンが、山谷通りに勢いよく投げ込まれ、炎が上がった。治安維持の号令のもと、街には異例の厳戒体制が敷かれ、機動隊の武装、ジュラルミンの大盾、投石ネット、装甲車から特殊車両に至る部隊編成が刷新されるなど、過剰とも言える体制で警察側は応じた。

一九八六年三月一六日、山岡強一の「人民葬」が玉姫公園で執り行われた。敷地内は焼香者で埋め尽くされ、野外に設置された祭壇の前には長い列ができた。

公園での人民葬後、集合した人々は悲しみと怒りのデモへと出発する。無事に終了すると思われたデモ一団であったが、解散場所の東盛《とうせい》公園に差し掛かったとき、先導していた活動家の一部が予想外の動きをしたことで後方が混乱してしまった。その不審な行為に肝を冷やした機動隊は、暴動を恐れて号令をかけた。

「ヤレ！」

大波のごとくドッと機動隊がなだれ込み、公園内に分散していたデモ隊を追いかけはじめた。倒れて動けなくなった数人を囲い、安全靴で蹴飛ばし続け、アッという間に次々とメンバーを連行していった。五分ほどの間に約三〇人が逮捕され、負傷者も数名出たという。逮捕者のなかには、当時、まだ高校生だった山岡の長男も含まれていた。

当時の現場にいた三ちゃんが振り返る。

「寄せ場の労働組織は、社会からつまはじきにされた者たちの対抗社会だった。そこに居場所を見つけ、温もりを求めていたのだと思う。何となく、学校の不良グループに似ています。そういう意味では、ヤクザや右翼に近いものがあったのかもしれない」

一九八五年四月、佐藤満夫を刺殺した罪で筒井栄一には懲役一三年が、一九八六年六月、山岡を射殺した保科勉には懲役一五年の実刑判決がそれぞれ東京地裁で言い渡されている。

東盛公園（撮影：南條直子）

二〇一九年九月、「泪橋ホール」にて「残響する民——ハバナからニューヨークへ　山谷から山谷へ」と題するドキュメンタリー映画上映会が開催された。『Cu-Bop　across the border』（高橋慎一監督）とともに『山谷——やられたらやりかえせ』が上映され、「山谷を支援する有志の会」のメンバーであり、『ぐにゃり東京』（現代書館、二〇一五年）などの著書がある社会批評家・平井玄らのトークショーが行われた。ホールにぎっしり並ぶ椅子はすべて埋まり、立ち見が出るほどの盛況ぶりで、世代もさまざまであった。「映画を観て初めて山谷の過去を知った」と話す人も多くいた。

その際、小見さんが次のように語っている。

「約束したんだよ。佐藤は映画を撮る、俺は文章を書くって。だから今も続けてる。なんで山谷に来たかって特別な思い入れがあったわけではなく、流れにただ乗ってかかわることになったわけだけど、佐藤が死んで、山さんが死んで、もう離れるわけにはいかなくなった。佐藤満夫が言ってたけど、人間、最後は仁と義だって。まあ、そんなもんでズルズルきちゃったよ、四〇年近くもさ。上映会を通して、持ち出しでいろいろやってきて。でも、今は十分返してもらったと思っている。本当にいろいろ刺激を受けて、それが血肉になっているっていうのかな」

平井玄さん（左）と高橋監督

何かを生み出すとき、山谷に足を運ぶ。歩いて、また刺激をもらう。刺激を受けて、創作の源になっていく。表現者にとって、山谷は創作のインスピレーションがもらえる特別な場所でもあった。

「山谷のおもしろさというのは、いろんなものが欠落していること」と話したのは監督・山岡強一である。そして、池内文平さんが次のように語った。

「寄せ場ってさ、酒呑んで道端に人が倒れてるなんて日常だし、昨日まで元気だった人が次の日に冷たくなってたり。ものを表現したいと思う人間がたくさん集まってきたよね。芝居や踊りやってるやつだったら何かを演じたくなるし、音楽やってるやつだったら曲をつくりたくなるし、カメラ持ってたら撮りたくなる。そこで何か感じないわけがないのよ。あのころの山谷は、エネルギーの塊みたいな場所だった」

山谷には、人を魅了する強力な吸引力があった。それが何であるかは各自違っていても、現代人がもつ、あまりにもシンプルな世界観への憧れではなかっただろうか。生きるために肉体を酷使して働き、稼いだ金で酒を呑み、ギャンブルに勤しみ、好きな場所でゴロンとなれる。何からも束縛されない、ある意味、開放されたその日暮らしの生き方に究極的な人の「営み」を見てしまう。

現在、映画上映の際には、すべて「佐藤と山岡」という二人の監督が並列で紹介されている。

第3章

労働者の街で呻吟《しんぎん》した報道写真家

南條直子と愛用のカメラ「キヤノン AE-1」

二〇一九年一二月、山岡強一の妻・照子さんの訃報が伝えられた。照子さんは看護師で、経済的にも山岡を支え、山谷の医療班として活動したほか、闘争の起こっていた赤レンガ（東京大学附属病院精神科病棟）でも働いていたという。

訃報が届く数か月前、照子さんの娘さんから、「父と母の写真が欲しい。何枚か提供してもらえないか」という依頼を受けた関係者から私に連絡が入った。「引っ越しの連続で、生前の写真が一枚もない」という事情を聞き、大した枚数はなかったが、南條直子が撮影した数枚をまとめて紙焼きで送った。その写真は、山岡が殺されたのち、玉姫公園で行われた「人民葬」でのものだった。

「写真があって本当に助かったよ。南條さんにも感謝だな」

葬儀に参列した小見さんより、私の送った一枚が「遺影になった」との連絡をもらい、わずかだが役に立ててよかったと素直に思えた。そして、モノを遺すことの意味について、改めて考えるきっかけにもなった。

そもそも、私が南條の取材をはじめた時期というのは、信州に移り住み、鬱屈していたころと重なる。以前、編集を手伝っていた雑誌の仕事で南條の存在は知っていたものの、そのころの認識は「地雷を踏んで亡くなった女性カメラマン」という程度であった。

たまたま同時期、南條の恩師であり、報道写真家の樋口健二氏とジャーナリスト・野中章弘氏が南條に関する記事を寄稿しており、それらを立て続けに読んだときに南條の名前を見つけ、興味本位で調べはじめたというのがきっかけである。調べていくと、誰も彼女については書いていなかった。だったら自分が、という思いが募り、徐々にだが取材に傾倒していった。

最近知って驚いたことだが、ベトナム戦争が拡大したカンボジアを取材中、アンコール・ワットで消息を絶ち、亡くなったとされる戦場カメラマンの一ノ瀬泰造（一九四七〜一九七三）も一九七〇年代当初に山谷へ入り、街の撮影をしていた。NHK佐賀が製作したドキュメンタリー「戦場カメラマンになんかなりたくなかった　一ノ瀬泰造・没後50年の真実」（二〇二三年一二月八日放送）を見ればその詳細は知れるが、報道に携わる者として、「寄せ場」は心が動かされる場所であったとうかがえる。

「プロローグ」で述べたように、私は二〇一二年に『山谷への回廊』として、南條が撮影した山谷の写真を一冊にまとめている。本章では、『山谷への回廊』に載せられなかった取材時のエピソードなどをもとにして記していきたい。

陽の昇らない四時前から酒場は開店し、早朝から仕事を求める労働者たちで活気づいていたという職業安定所のシャッター前、今や、その陰すら残っていない。

山谷に入りはじめた二〇〇九年、毎週日曜日には、城北労働・福祉センター前の路上で支援者による炊き出しが行われていた。「共同炊事」と呼ばれ、路上生活者など生活困窮者のために、隅田川沿いの隅田公園築山あたりと上野で配る弁当づくりのためにずらりと大鍋が並んだ。二か所分、六〇〇から七〇〇食程度を賄っていた。

「昔から、山谷はこの方式だよ」

そう言いながら、男たちは切り込みの入ったコンクリートパネルを器用に組み立てて机にしていくと、できあがった長テーブルの上で、キャベツやニンジンといった野菜を大胆にザクザクと切りはじめていった。

その手際のよさに感心しながら、私はその日に使う発砲スチール製の皿を青いタライのなかで洗っていた。そのとき、一緒に作業したのが、長く山谷にかかわってきたという支援者で、その人があれこれと当時の話を聞かせてくれた。その際に知ったのが、一九八六年、東京サミットが開催された裏で起こった「山谷四・三暴動」のことである。

モニターの「向こう側」でしか見たことのない「暴動」のひと言に、どこか胸がざわつくような、邪《よこしま》な思いを抱き、非常に興味をそそられた。「山谷最高潮の闘い」とも称されているその騒動は、自然発生的に労働者たちが立ちあがり、勃発したものだという。

さらに支援者が付け加えた。

「そうそう、あの暴動はね、実は南條さんが発端だったんですよ」

洗剤で泡だらけになった手が思わず止まった。聞けば、その日、南條がきっかけで無数の労働者が決起したというのである。女性カメラマン・南條と山谷の暴動、その関係性を手繰り寄せ、ひもとくまで私を駆り立てたのは、こんな他愛のない会話が理由である。

アフガニスタンに散ったカメラマン

南條直子は、アフガニスタンを撮影した報道カメラマンとしてその名が知られている。一九七八年、社会主義政権が誕生したアフガニスタンでは、旧ソ連と軍事同盟を組んで強引な社会改革が国内で推し進められていた。その急進的な政策に反発したイスラム指導者や部族の有力者たちが、政府軍を相手に「ジハード（聖戦）」を宣言したことで内戦が拡大。ゲリラ軍はイスラム聖戦士「ムジャヒディン」と呼ばれた。この紛争は、結果的にムジャヒディン側の勝利に終わり、一九八九年に旧ソ連が撤退し、アフガニスタンも政権が崩壊している。

南條は一九八五年に初めてアフガン入りを果たし、ムジャヒディンたちへの同行取材を敢行した。翌年にアフガニスタン国境で難民の取材をし、その記録を『戦士たちの貌』（径書房、一九八八年）として発表しているが、それ以前の撮影テーマが「山谷」であったことはあまり知られていない。ドヤ街のなかに建つアパートで暮らしながら、日雇い労働者たちを撮影していたのである。

その後、一九八八年八月、三回目のアフガン取材へと出発した。一〇月一日、首都カブールを制圧する一二人の小隊に同行した南條は、前線まで随行し、迫撃砲の発射、濛々と立ちのぼる硝煙、拳を上げるムジャヒディンらを、約二時間にわたって撮影している。一行には負傷者もなく、土煙りの立つ隘路を歩いての帰途、旧ソ連軍によって荒漠の大地にばらまかれた五〇〇万個とも六〇〇万個とも言われている地雷を南條は踏んでしまった。

　それは、アフガンの戦場でもっとも「たちの悪い」空中投下用の対人小型地雷で、上部にゴムが貼り付けられており、二キロの負荷で爆発するものであった。重さでヒューズが飛ぶように仕組まれており、プラスチック製のために探知機が利かない。これほど厄介で恐ろしい武器はない。

　爆発の衝撃で、胸にあった「キヤノンＡＥ‐１」の裏蓋がわずかに開く。彼女が三度目のアフガン取材で撮影したフィルムは全部で三五本だったが、現像された最後の一本、二七枚のフィルムは黄色く感光していた。

　一九八八年一〇月一日一一時三〇分、彼女は司令官の肩に身を委ね、ムジャヒディンに見守られながら息を引き取った。享年三三歳であった。

　アフガニスタンとの出会いが南條を報道写真家へと導いたわけだが、そこに至るまでの道のりを振り返ると、彼女が特別な想いを抱き、山谷と向き合っていたことが分かる。寄せ場に心をひかれながら、アフガニスタンへと向かう日々のなかで、日雇い労働者の街で呻吟《しんぎん》した一人の写真家の姿がよみがえってくる。

黄色く感光したフィルム

▼鉛の空気のなかで

日本経済の黄金期のはじまる一九五五年、南條は実直な両親のもと岡山で誕生した。いわゆる、戦後日本の象徴「五五年体制」の落とし子である。幼いころから大変な読書家で、成績は常にトップクラス、エリートコースを歩く一人だった。県内随一の進学校である岡山県立岡山朝日高等学校に入学した彼女は医者を目指し、それまで浸っていた文学の世界から理系へと、進路を変更した。

そして、一九七二年、一七歳のときにのめり込んだのが反戦運動、そして被差別部落問題を考える研究サークルだった。一九六〇年から一九七〇年代、多感な時期を迎えていた南條にとって、日本の国家体制をも揺るがした学生運動は、彼女が進むべき道に大きな影響を及ぼしたと言える。とはいえ、南條が高校三年生を迎えようとしていた一九七二年は、学生運動が終焉へと向かっていた時期でもある。

二〇一〇年のことだが、南條より三つ年上にあたる宇賀神寿一さん（四七ページ参照）が、新橋にある救援連絡センターで発送作業をしながら、その時代に流れていた空気を「鉛の空気」と表現しながら当時の様子を次のように述懐した。

「一九七二年から一九七三年、時代の空気としては、まず仲間の何人

南條直子のご両親と著者の娘

かが試験を受けはじめてね。そのなかで、悶々としていた人間もいたわけだよね。これでいいのだろうかっていう。一九七二年が連合赤軍でしょ。あれがあったとき、運動から離れた人たちも万歳してたんだよ。だけど、現地の内ゲバとかでさっと引いていった。ある程度、殻をやぶっていくか、いかないかというのもあったと思うんだけど、今、考えるとね、そういうのはまちがいだったんじゃないかな。ある程度、覚悟を要求するような運動はまずかったと思うよね。いわゆる、自分の生活のことを考えて、もうこれ以上できないなって思う人たちが離れていったわけでしょ。でも、そういう迫り方っていうのは、やり方としてはよくなかった。ただ、あの時代は、もうどちらかしかなかったのかもしれない。選択肢は二つ、運動を続けていくか、やめて普通の生活に戻るかだった」

一九七〇年代に引き起こされた中核派と革マル派の間での内ゲバ、そして連合赤軍による一連の事件。過激な革命へとハンドルを切り損ねてしまった新左翼グループから離れるという形で、そのエネルギーが三里塚、沖縄へと分散されていった。要するに、党派離れした新たな社会運動の誕生である。なかでも、一九七〇年代の当初、学校教育現場で声高に叫ばれたのが「部落解放」、いわゆる「同和教育」であった。

南條が部落問題研究会にかかわりをもつようになった一九七三年というのは、「岡山県高校部落問題研究会」が正式に結成された年であり、学生たちの活動に対する志気も高かった。一一月には全国行事「第九回・全国高校生部落問題研究集会」が市内で開催され、この集会に参加した約五〇〇〇名のうち、岡山県内の参加者は約三〇〇〇名を占めたという。

南條の活動範囲はその後も少しずつ広がり、岡山大学へも足を運ぶようになる。一九六九年一一月、大阪で行われた「佐藤首相訪米阻止闘争」において、当時、岡山大学の法科二年生であった糟谷孝幸が機動隊の警棒殴打で死亡した。学園闘争がもっとも激しかったこの時期、同大学のリーダー格を務めていたのが理学部に在籍していた行方《なめかた》正時である。彼はその後、赤軍派として活動し、遠山美枝子らとともに連合赤軍リンチ事件に巻き込まれ、一九七二年一月九日、榛名ベースにて犠牲者の一人となった。

若者たちが起こした儚い「革命」への夢は、南條の心に澱をつくり、その淀みのなかで必死にもがくしかなかった。その一方で彼女は、ある思いを常に抱えることとなった。それは、年代的に「乗り遅れた」という感覚である。実は、このコンプレックスが後々まで彼女を苦しめていくことになる。

卒業まであと三か月という年の瀬が迫ったある日、南條は学校に中退届を提出した。社会改革の権利を得るための、彼女なりのレジスタンスだった。と同時に、それは非常に辛い選択となる。特権的なものを排除して生きていく、それは「あがきと葛藤の一五年」のはじまりを意味していた。

高校中退後は、地元で工場や事務の仕事などを点々としながら過ごしていたが、その間、沖縄へも足を運んでいる。全国を席巻した「米軍基地反対運動」にも参加をしたものの精神的な低迷はひどく、二二歳で上京した。経理専門学校を経て、一九七九年、写真学校への入学を決めた。

元々創造的な仕事、自己表現のできる職業に就きたいという漠然としたイメージをもっていた南條が「カメラマン」という職業に対して魅力を感じたことは言うまでもない。華やかさと同時に、憧れもあったのだろう。

入学したのは、女性ポートレートの第一人者である秋山庄太郎（一九二〇～二〇〇三）が学院長に就任して間もない「日本写真専門学院」（現：日本写真芸術専門学校）であった。とはいえ、そのころの学院は無認可の時代で、いわゆる「落ちこぼれ」が集まってくるような場所であった。

「あのころの専門学校っていうのはギスギスしてて、卒業して免状もらったって、どうにもならんということ。行き場がない、そこで乗り遅れたらどこにも行けないという空気があった」

南條の取材をはじめた折、喫茶店でこう語ってくれたのは、講師の一人であった写真家・松倉康之さんである。

入学当初から、南條は教務課で話題になるほどの問題児で、遅刻の常習犯であり、協調性という言葉がまるで当てはまらない。質問をしても下を向いてしゃべろうとせず、どこかせせら笑いをしているような態度をとっていた。このころの南條は、世の中を「斜に見ている」部分があったという。

屈折した面を抱えつつ、同時に弱い部分をもち合わせていた南條について松倉さんは、「風船にいっぱい水を入れて、針でポンと刺すと割れてしまう、そんな雰囲気で、内面はナイーブなものをもっており、非常にはにかみ屋だった」と、彼女の印象を口にした。

不可逆的な人生を歩みはじめていた南條は、その後、成田闘争へも足を運んでいる。しかし、国際空港オープンを目前にした一九七八年三月二六日の「成田空港管制塔破壊」。衝撃を与えたこの闘争以来、彼女は学生運動的なものから距離を置くようになった。

当時の学生運動の指導者は、多くが大学中退か留年組であった。ある意味、知識階級という面が表面化したときでもある。リーダーたちにとって、「大学生」であることは一つのアイデンティティとなる。そういった特権的なものにすがりつく彼らを、団結小屋で、そして闘争のなかで見てしまった彼女は、生理的な怒りを感じてしまったのだろう。

順調にレールに乗ってきた南條は、高校を中退するという形で自らそれを壊した。しかし、踏み外してしまった線路の轍は思った以上に大きいものであった。

高度経済成長を経て、世間の生活水準は予想以上に向上した。人々はそんな暮らしに満足していた安定期でもある。「女性解放」が叫ばれ、新時代を担う世代として華々しく生きられるチャンスでもあった。「五五年体制」の落とし子は、いわばその波に乗ってさえいればよかったのだ。

学生運動に乗り遅れた自分、そして今度は世間の波に乗り切れない自分。上へ上へと上っていくという世間の流れ。しかし、奇妙に屈折した南條は、その流れから逸脱し、下へ下へと自ら下りていくことを選んだ。暗闇のなかに、ただ一つ、自分だけの光を求めたのである。

これこそが南條の基底をなす、生への「たしなみ」で

三里塚（撮影：南條直子）

はなかっただろうか。と同時に、それが南條と「寄せ場」の出合いともなった。知的なものに対するニヒリズムはより下層へと彼女を向かわせ、三里塚で出会った労働者たちへの興味へとつながっていった。

さて、写真学校へ入学後、たびたび寿町（横浜）や山谷に足を運びはじめた南條は、町中を散策しながら「寄せ場」の写真を撮るようになっていた。

▼恩師・樋口健二と報道ゼミ

バブル経済が訪れる目前の一九八〇年当時、写真界はまさに「広告写真」の時代であった。「カメラマン」と呼ばれる者のほとんどが広告やアートの世界へと進み、主流となるのはいわゆる「カッコイイ写真」である。そのため写真学院でも、「報道」、「芸術」、「広告」、「肖像」という四科が設けられていたものの、ほとんどの生徒が「広告」や「芸術」を選択していた。

二〇〇九年、南條の取材をしていると手紙を書き送ったところ、丁寧な連絡をくれたのが樋口健二さんだ。まったく面識もない私を国分寺の自宅に招き入れ、写真集と書籍に囲まれた仕事部屋で話を聞かせてくれた。

「広告はそのころの時代を反映していたし、実際、金も稼げた。広告イコール金だよね。報道写真っていうのは、その対局にあるもの。果たして、学生が来るのかなって思っていました」

南條をカメラマンの一人として育てた樋口さんはこう言って、感慨深そうな目をしていた。

信州の農家の長男として生まれた樋口さんは、辛い戦中戦後を体験したのちに高校を卒業した。そして農業の世界へと入っていくが、本格的にはじまる高度成長期が目前という時代の潮流を機に上京し、労働者として製鉄所に勤めたのち写真家に転身している。

初の写真集『四日市　樋口健二写真集』（六月社書房、一九七二年）の刊行までには足掛け七年の月日を要するなど、人並みはずれた粘り強さで道を切り拓いてきた。日本写真芸術学院専門学校の副校長を務める傍ら、公害や原発など社会の闇に真正面から立ち向かっている。「信念を貫き通す持続力こそが大切な能力の一つ」と説き、世間では「売れない」と言われる写真を、あえて「売って」きた写真家だ。

前掲した松倉康之さんへの取材の際、樋口さんについて次のように評している。

「バイタリティーの塊で、剃刀《かみそり》みたいに鋭くきつい。でも、どこか一本通った人でね。今までの講師とはまた違ったし、ああいう人はいなかったですね。それまでの人は、写真の技術を教えてくれた。樋口さんはそれだけじゃない。写真を撮る意味を教えてくれた。報道だけど、スポーツでも、ヌードでも、何でもいいんだっていう人だったからみんな、びっくりしたよ」

カメラによってできることとは一体何なのか、写真を撮るという行為が社会に対してどのような意味をもつのか。そんな問いに、樋口さんは明確な道を示した。

「記録するってこと。ドキュメンタリーの素晴らしさというのは歴史を記録することだ。歴史を記録するなんてこんな素晴らしいことはないし、写真が際たる記録のなかで優れた手段なんだ」

二年に上がると同時に、南條は報道写真科の「樋口ゼミ」を迷わず選択している。

春になって樋口が学校を訪れると、彼のゼミには南條を含めた五人が集まっていた。四〇人中、わずか五人ではあったが、それぞれ自分なりの志をもっている者たちであった。とくにその後、同志であり、ライバルともなったのが、『大学ラグビー——キャンパスのヒーローたち』（徳間文庫、一九八九年）を著した山口益路《ますじ》だ。

彼はハードル選手として将来を嘱望され、筑波大学で活躍していたものの練習中にケガをしてしまった。そのケガが原因でハードルを諦め、さらに大学も中退している。エリートコースから降りてしまった挫折感。それは今の時代とは比べ物にならないほど大きく、その挫折感をバネにしてスポーツ写真家を目指し、報道を選んで来ていた。

樋口ゼミは毎週木曜日、全四コマを樋口が担当していた。授業内容は撮影実習が中心で、新宿、渋谷、浅草など東京中をめぐり、現場に出掛ける。風景、人間など、自分なりのテーマを決めて撮影をし、翌週に樋口が批評する。この繰り返しだった。

彼の批評の仕方は大胆である。構図的に必要ないと思われる部分にマーカーで線を引くと、その部分をためらうことなくカッターで切ってしまう。樋口の指導法について、山口さんは次のように語ってくれた。

「本当に切るんですよね。サイズは大抵8×10という大きさなんですが、最初は線引いて『こんなとこいらん』と言うわけです。そして、それを容赦なくカッターでガッシャン。だから気づくと、写真がこんなに小さくなっちゃうわけ。写真としてはここだけ撮ればいい、これ以外は意味のない写真だってことになる。逆によいものを撮ったときは、『すごくよい』と言って誉めてくれます。一年間その繰り返しでしたね。樋口さんは何を見てるのかというと、人を撮るんだったら相手との信頼関係、どこまで踏み込んで撮れているかってことでした」

樋口ゼミに入った南條は、相変わらず口数が少なく、言葉を発してもボソボソと低い声で話す程度であったが、それでも同期生や講師陣と目を合わせて会話を交わすようになっていた。そして、年に数度行われる合宿の際、呑みに行くと必ず彼女は樋口さんに絡んだという。

「合宿をやるんですよ。春と秋ね。このときに、やたら俺に突っかかっては『先生はイデオロギーをもってるんですか?』と聞いてくるんだよ」

イデオロギーにこだわる南條。そこには、学生運動からの流れが深い傷となって疼いていたのかもしれない。彼女は、生きることの意味を一度喪失している。これこそが我が道と進んだ道は閉ざされてしまい、意気込み、飛び込んだ戦場はすでに「もぬけの殻」だった。ひと世代上の若者たちが暴れ回ったあとの荒野に、ポツンと取り残された自分。迷子のように、慌てふためくしかなかった。

心の澱で溺れかけた南條は、当時の寂寥感《せきりょうかん》を思い出すたびにその答えを探し求め、樋口を問いつめたのではないだろうか。

南條直子、ドヤ街へ引っ越す

実は、写真学院の一年がもうすぐ終わろうという寒さの残る三月、彼女は突然、それまで住んでいた世田谷区経堂のアパートを引き払っている。そして、家賃月一万八〇〇〇円、山谷ドヤ街にあるアパートの一室へと引っ越した。当時、写真ジャーナリズムを担当していたある講師とのやり取りがきっかけだった。

年の暮れから正月、仕事がなくなる山谷では、「越年闘争」と呼ばれている炊き出しが連日行われる。そんな寄せ場に通いつめ、撮影を続けた南條は、年明けの授業でそのときに撮った作品を提出した。ところが、報道担当の講師は、その作品群を散々なまでに酷評した。なかでも、元旦の早朝、野宿から目覚めた人たちの一枚を指し、次のように評したのである。

「みんな、この人たちの顔を見てごらん。ハイシャの顔つきをしている」

さらに評価はこう続く。

「何に対しても積極的になれない無気力な人の顔」、さらに「落伍者」。

南條の顔は見る見る青ざめていった。それは、彼女にとっては聞くに耐えない罵詈雑言であった。「ハイシャ」とは「敗者」の意である。怒りが燻る。それにしても、このように人を見下した決めつけがどうしてできるのだろうか。この講師の感性に驚いてしまう。

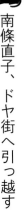

恐らくこの講師は、対象をある意味では突き離し、客観的に見なければならないという教訓を伝えたかったのだろう。だからこそ、「もっと観察して撮れ」と指導した。しかし、それをふまえながらも南條は憤り、家族に出した手紙で次のように綴っている。

確かにそのとおりなのだが、客観的に捉えるということは、仲間を裏切り、欺瞞的な一段高いところから人を見下すということなのだろうか。上のほうから下を見下ろして、一体何が分かるというのだろうか。

そして、この講師を次のように結論づけている。

そんな感性のもち主だから、労働者たちのことを自分とはまったく無縁の階級であるかのように、人間として自分より下等である者たちであるかのように軽く言うことができるのだ。

そんな驚きの言葉のあと、講師が「もう一度、写真を撮り直せないのか？」と問いかけた。それに対して、彼女は

南條が住んでいたアパート

こう宣言したという。

「もうすぐ山谷に引っ越すので、それまで待って下さい」

ドヤに居を移すことを考えてはいたが、具体的な動きはまだ先のつもりでいた。しかし、売り言葉に買い言葉。我ながら軽率だったと後悔しつつ、「こうなったら、絶対に引き下がることはできない。女一代のメンツをかけて実行する」と、家族宛ての手紙に書き残している。

こうして一年次の終わり、ドヤ街にあるアパートの一室へと引っ越しをした。勢いで転居したものの、山谷という街にカメラを向けることは、同時に「しんどさ」がともなう。その当時の心境を次のように綴っている。

正直言えば、私には山谷でカメラを構える思想の強さも勇気もない。ただここで撮ることができなければ、自分は写真をやってゆくことはできないだろうと思うから撮るわけです。そしてこれからも自分がどれだけ事の本質を捉えて撮れるか、全く自信はありません。はっきり言えばビビッていて、もう山谷を撮るのはやめたい。しかし、もしここで撮るのをやめ、山谷の本当の姿、心を描きつくすことができないとしたら、私は絶対に写真を続けることはできないでしょう。

人間を真正面から撮ることのできない者が、横から後ろから幾ら撮っても結局、逃げの写真しか撮れない、ということと同じだと思います。（一九八〇年三月、家族への手紙より）

▼三つの撮影テーマ

二年にわたる学生生活で、南條が撮影テーマとして掲げていたのが「三里塚」、「山谷」、そして「右翼」であった。三里塚には一年次から足繁く通い、一九七九年一一月二日、三里塚第一公園で行われた新国際空港反対同盟委員長の戸村一作（享年七〇歳）の追悼集会に参加している。そして、花を捧げ、黙とうや合掌をする三〇〇〇人に及ぶ地元住民や支援者たちの姿を撮影している。

また、同年一二月に実施された三里塚第一公園デモに随行した際の写真も残されており、そこには、拳を上げながらデモ行進をする大人たちに混じって、無邪気な子どもたちの姿までが写し出されていた。

背後には燃えあがる炎、「三里塚闘争に敵対する者たちを許さないぞ！」と掲げた旗がはためくなか、まるで遊びの延長のように大人たちにくっつき走り回る子どもたち。ヘルメットをかぶった若者が胸に「託児」と書いたベストを着て、丸刈り頭の男の子と手をつなぎながら和やかにデモ行進をするシーン、農民とともに車椅子に乗った人々が歩くショットなど、烈しい闘争の裏側にある日常を切り取っていた。

一九八〇年の春に撮影した作品にも、そうした彼女の撮影スタンスがうかがえる。「今、三里塚に市民の声を行動を！　四・二七廃港をめざす」と題した集会では、赤ん坊をおんぶした若い母親がマイクを握る姿、傍らにあった土管で遊ぶ子どもとそれを見守る人々などの写真が残されている。

すでに山谷に移り住んでいた南條は、三里塚と同じく、寄せ場の日々の撮影にも取り組んでいった。

職業安定所の前に集ったあふれんばかりの労働者の姿や、まるで石仏のように道端で眠りこける人、鞄を肩に引っ掛け、ニッカポッカ姿で道を闊歩する男たち、壊れた車の窓ガラスに貼り付けられた求人票、そして、それを見つめる労働者。どれも、この街に暮らす人々の、何気ない一瞬をとらえたものである。

報道ゼミの担当講師であった樋口さんは、南條が掲げた三つのテーマを知ったとき、次のような忠告をしている。

「実力がないときに、組織があるところに飛び込むのはやめろ。その力をはねのけられるだけのものを身につけてからのほうがいい。そうでないと潰れてしまう」

三里塚や山谷には、労働運動や学生運動関連の組織が絡んでくる。撮影に入ったものの、いつのまにか活動側へ足を突っ込み、その揚げ句、まともな写真を撮れずに潰れていく者を何人も見てきた樋口さんは、南條がもつテーマの難しさを当初から指摘していた。しかし、そんな忠告は南條の耳に入らない。悩んだ末、結局、彼女が卒業写真展覧会のテーマとして最終的に追ったのが「右翼」であった。「三里塚」や「山谷」というテーマの設定は彼女の足跡を追えば理解できるが、その対局にある「右翼」をなぜ撮影しようと思い至ったのだろうか。

実は、当時、右翼団体はいわゆる「暴走族」とか「不良」と呼ばれ、行き場を失ってしまった者たちの受け皿的な役割を果たしていたという側面がある。まだ幼さの残る一〇代の少年少女たち。思想的には逆方向を進む彼／彼女らではあるが、そこに、かつて世間の営みから脱落してしまった自分を見たような気がした。日の丸を掲げる右翼少年たちに共通項を見いだした彼女は、おそらく心根で彼／彼女らを理解したのだろう。

周囲もそのテーマ設定には困惑していたが、一度決めたら曲げない頑固な性格が彼女の強さでもある。そんな南條に、樋口さんは次のように釘を刺した。

「最高幹部まで行かなかったら辞めろ」

その気迫がなかったら辞めたほうがいいと、彼女に伝えたのだ。途中で挫折するかもしれない、というのが学校側の推測であったが、その予想は裏切られた。

「普通は望遠レンズで遠くから撮るぐらいでしょ。日教組反対運動とかさ、社会党へ行って詰め寄るとかさ。でもあいつ、最初は街宣車に一緒に乗って写真を撮ってたんだけど、そのうち、日本全国の右翼の大会にまで撮影同行してさ、いつの間にか中に入り込んじゃった」

一方、山口益路《ますじ》さんは、彼女の度胸のよさを次のように評している。

「女性で右翼でしょ。ごっついことやるなあと。写真撮るために、夏休み入隊しちゃうんだよね。お偉いさんが並んでたり、抱き合ってたりするような写真もあるけど、あんなまね普通はできない。なんちゅう女だと思ったもんね」

一九八一（昭和五六）年に出された『警察白書』（第8章　公安の維持「危機感を強め一段と高揚した

右翼の活動』）によると、一九八〇年は、多くの右翼、および民族派団体が街頭宣伝活動を活発に展開した年に当たるという。これは、安全保障の問題と絡み、戦後体制を見直そうとする世相のなか、「占領憲法破棄」や「自主憲法制定」などを広く訴えていたものである。

そこに目を付けた南條は、かつて「日本同盟」の名であった「大日本同胞社」に潜り込み、渋谷や新宿で行われた街宣活動に同行し、靖国神社への参拝の様子などを撮影している。また、某右翼団体の年次大会に参加した際には、ヌード専門店のホールで戯れる男女や、ゆかた姿で夜の町を楽しげに歩く男たちなど、昼間の姿とは異なる彼らの素顔に迫っている。

そのなかでも非常に目を引くのが、「反共愛国」を掲げ、訓練に励む右翼少年たちの写真である。「風神」の文字が描かれた白い布を頭に巻き付け、日の丸の旗を振る彼らの顔は、どれもあどけないものであった。

また、前記した『警察白書』によると、同年、とくに行動右翼の中心的存在「全日本愛国者団体会議などが新たに『憲法問題共闘会議』を発足し、一一月、東京で一〇一団体、約二五〇〇人を動員し、自主憲法制定国民大会を開催した」とある。大規模なデモを実施したことで、世間から大きな注目を浴びた。

実は、この一一月一四日に起こった「自主憲法制定デモ」の現場にも南條はいた。さらに、翌日に行われた「全日本愛国者団体会議全国大会」の撮影にも成功している。

厳かにはじめられる式典、無骨な表情を浮かべる五人の幹部たち。その背後には大きな日の丸が掲げられ、壇上で一同が敬服する写真には圧倒的な力強さがある。その後も、餅つき大会や日教組教研集会への抗議大会、国粋青年隊総本部への潜入など、意欲的な行動を続けていった。

そもそも学院関係者の、南條への写真評はあまり高いものではなかった。同期の山口さん、そして講師の松倉さんは、ともに「南條が写真家として育つのは難しいのでは、と感じていた」と言う。確かに、技術的な観点から見れば、彼女の撮影レベルは決して高いものではなかった。

「ゼミ生五人のうち女性は南條ともう一人いて、そのもう一人のほうが写真的には上手かったんだよ。かなりよい写真を撮ってきてねえ。はっきり言えば、俺は南條でなくこっちに期待していた。でも、分からんねえ」

と樋口さんが言うとおり、わずか二年の写真歴にもかかわらず、その「もう一人」の写真には「センス」という才能があるように思われた。千葉・九十九里浜を舞台に、そこに伝わる祭りを切り取ったショットには「凛」とした空気感が映っていたし、何よりスマートな美しさがあった。

それと対照的であったのが、垢抜けない南條の写真である。自身もそのことについては自覚があったようで、それゆえ、技術を超えたものを撮りたいと願っていた。

カメラを扱うのは技術であるけれど、職人的な技術が先行するのではなく、本当に心の底から撮りたいもの、人に訴えたいものがあって、そういう人間的な目的がまず存在してこそその情熱に支えられて技術は磨かれるし、機械的技術ではなく人間としての主体的意志的な技術となることができるのです。思想内容のない、人間的感性のこもらない、単なるカメラ好きの技術は所詮、カメラという機材の奴隷としての技術にすぎません。いくらうまくても、それはカメラが撮ったのであって、人間が撮ったのではないのです。

うまいと言えば、クラスにもすごくうまい人がいるし、功名心を貫く根性だってあるみたいだから有名になるかもしれません。

ただ、私はうまいだけでは終わらないつもりでいます。（一九七九年、家族への手紙より）

自分は単なる写真屋ではない、もっと人間としての根源部分を大切にしたいのだ。そんな想いが彼女を支えていた。

写真学校の生徒四〇人ほどの作品と並び、南條のモノクロ写真四組が一九八一年の「卒業写真集」に収められている。巻末には、同期生全員の顔写真とコメントが掲載されており、なかでも目を引くのが、ファインダーから視線をそらした南條である。

斜め横を見つめながら、タバコをくゆらせるポートレート。その何気ない一枚は、彼女の社会に対する姿勢そのものを表しているように思える。世間からドロップアウトした南條そのものであった。

彼女は、写真に添えて次のような文章を書き残している。

◇◇◇　私が見ているのは、はためく日章旗ではなく、打ち捨ててきた自分自身の息づまる連続的な生活であるし、それを囲い込んでいるガスタンクのような市民社会である。「軍国主義者」というレッテルを貼られ生活者の群れから追放されることによって、私はそれらを見ることができるようになったのだ。もうじき歴史の大断層が私の爆発的な予感と高揚を誇り高きものとするだろう。賢い消費者たちよ、訣別の甘い香りでこの胸はいっぱいだ。（日本写真専門学院「卒業作品集」より）

人を引き付ける作品には、作者の顔が現れるものである。だとするなら、「右翼」をテーマにした写真群には南條の顔が現れていると言ってもいい。撮影対象へと、ただがむしゃらに挑む姿勢や当時の息遣い、言い訳や解釈のいらない「勢い」のある写真。言い換えれば、彼女の願った「技術を超えた人間的感性のこもった写真」と評せるかもしれない。

▼カトレア会の発足

一九八一年三月、二年間の学生生活を経て写真学校を卒業した南條は、組織に縛られたくないと、フリーランスとして自らのテーマを追うことにした。その選択は、樋口ゼミ第一期生、四人の仲間もまた同

タバコをくゆらす南條

じであった。とはいえ、学校を卒業したばかりのカメラマンの駆け出しに即仕事が来るほど甘い世界ではない。そこで樋口さんは、五人の面倒を引き受ける形で無料の「出前写真教室」を開くことに決めた。ゼミ卒業生による「カトレア会」のはじまりである。

かつて新宿・紀伊國屋書店の隣りにあった喫茶店「カトレア」。そこに、月一回の最終土曜日、それぞれが一月かけて撮りためた写真を持ち寄り、樋口さんがその場で批評した。当初は一人も欠けることなく参加していたカトレア会だが、回を重ねるごとに一人減り、二人減り、多くが顔を見せなくなった。結局、最終的に残ったのが、スポーツ写真を目指す山口さんと報道にこだわる南條の二人だけであった。ちなみに、この集まりは、何度か場所を替えながらも、現在も樋口さんの自宅で続いており、ここで生まれた写真集は八〇冊以上に及んでいる。

カトレア会には、決まった会則などは存在していない。しかし、唯一、樋口さんがこだわったのが写真のサイズであった。

樋口　写真界では四つ切りっていう写真の大きさがあって。35×25センチだね。とにかく、これで持ってこい、と。「これが条件だぞ」って言ったんだ。

すでにドヤ街で暮らしていた南條は、テーマを「右翼」から「山谷」に切り替え、本格的に撮影をスタートさせていた。しかし、学生時代のような勢いはなく、被写体へ、今一歩踏み込めていない写真ばかりで、「光る」ものがなかった。一方の山口さんは、夢中でスポーツ写真に取り組み、めきめきと腕を上げていった。

元々、講師陣から「教えることがない」と言われるほど山口さんの撮影技術は高かった。両者の差は開くばかりで、その成長曲線は、まるで反比例を描くかのようであった。

さらに、南條の持ち込む写真が、何回かに一度の割合で徐々に印画紙のサイズが小さくなっていった。そのことに対して樋口さんが、「それは約束破りじゃないのか！」と注意すると、「金がない」と言ってうつむくばかりであった。それを聞いた樋口さんが思わず怒鳴った。

「フリーでやるっていうのは、約束をきちっと守って初めて仕事が来るんであって、最初から無名の写真家に仕事なんか来る世界じゃない、勘違いするな。あくまでもプライドは捨てて、アルバイトをして稼げばいいだろ」

その言葉に、グウの音も出ない南條。心の奥底で、樋口さんには分かっていた。

「山谷はそう単純じゃないんだよ。行けども、行けども、ね」

山谷で写真を撮るということは予想以上に大変なことみたいです。女であるということは、損なことばかりです。女性差別で閉め出される。女性解放を語りかけられつつ閉め出される。

（一九八〇年四月一九日、家族への手紙より）

山谷に移り住んだ当初の煩悶とした気持ちを、彼女はこのように綴っていた。

▼「寄せ場を撮る」ということ

取材で寄せ場を訪れていた際、職業安定所で働く施設職員が次のように耳打ちしてくれたことがある。

「この辺で、不用意にカメラなんて持って歩かないほうがいいよ。撮られたくないって人がたくさんいるしね。コンパクトカメラでコソッっと撮るぐらいならいいけど、真正面から撮るなんてことは、ね。ここの人たちにすれば、気分のよいもんじゃないからさ」

かつて寄せ場では、新聞社も出版社も、組織に属するカメラマンは作業服に身を包み、日雇い労働者を装って撮影していたという。また、カメラもポケットや紙袋などに見えないようそっと潜め、隠し撮りというのが通例であった。そんななか、山谷で暮らし、カメラを堂々と構えた女性写真家というのは、後にも先にも南條一人だったと言える。

新聞カメラマンが山谷などで写真を撮る時、どうするか知っていますか？　彼らはどこかから油のついた汚い服を借りてきて、土方へと「変装」し、そして小さなインスタントカメラを持って恐る恐る隠し撮りするのです。もちろんどんな場合でもストロボなんかは絶対に使わない。つまり自分がカメラマンであることを、被写体に知られることが恐いのです。私はこの話を学校の元朝日新聞の写真部長から聞かされて腹が立ってしかたがなかった。こんな相手を自分と同じ人間とも思わないような撮り方は絶対にやりたくないのです。変装して恐ろしいものを撮るようにコソコソする新聞カメラマンにはなりたくないのです。（一九七九年九月、家族への手紙より）

会社経営に失敗したという元社長を名乗る男性が、いつだったか、次のようにこぼしていたのを思い出す。

「寄せ場は流れ者が多く住む場所。借金から逃げてきた奴とか、刑務所帰りの奴、家族と離散して行き場のない奴。低賃金で働く外国人も多いし、それぞれ何かしら抱えている者ばっかりだから」

いつのまにか血縁者や故郷から切り離され、糸の切れた凧のようにふわりふわりと漂ってしまった状態とでもいうのだろうか。だからこそ、カメラを構えること自体が憚れる場であることはまちがいない。

映画『山谷《やま》――やられたらやりかえせ』の撮影にも携わってい

野田屋本店（撮影：南條直子）

た大島俊一さん（七一ページ参照）は、かつて広告の仕事をしていたという。

「山谷にかかわりはじめたきっかけは、たまたま正月にテレビを観ていたら炊き出しのニュースを流してて。それを観て、なんだか自分だけこんなふうにしているのは悪いなあという気分になり、それで越冬を手伝いに行ったのが最初ですね。写真で入ったのではなく、ボランティアという形です。ちょうど山谷争議団ができて間もないころで、一九八〇年頃から関係者に頼まれて越年、越冬時期を撮りはじめた。当時、カメラで入っていたのは、僕と南條さん、あとは党派関係の人がいたぐらい。同時期に映画監督の佐藤満夫さんも活動の場として山谷に入ってくるんだけれど、今では考えられないほど写真が撮りにくい場所でした」

そして、こう続けた。

「とにかく、警察の妨害がすごかったんですよ。南條さんも相当目をつけられていたから、邪魔されたり、罵倒されたりとか。『撮影はするな』ってことで私服刑事に殴られることもあったし、かなりやりたい放題な状態だった。内部から見たら警察官も暴力団も同じで、歩いて帰れないようなときもあった。ただ、捕まったらまずいから、適当なところでぱっと逃げたり、守ってもらいながら撮影したりね。とにかくあの時代は、寄せ場にカメラを向けること自体、勇気がいることでした」

さらに、撮影がうまくいかない原因の一つは、寄せ場自身がもつ古い体質が挙げられる。「女性蔑視」の風潮は色濃く、それが大きな壁となっていた。もちろん、活動家たちも同じだったようで、労働者から軽く見られる女性は常にある「疎外感」を抱えていたともいう。
ヤクザや警察官からは目を付けられ、ある一定の距離を保っているために活動家からは浮き立ち、果ては撮影対象である労働者たちも「女」である南條をなかなか受け入れてくれなかった。そんないら立ちが、いつしか南條の心を干上がらせていった。

自分なりにすごい頑張って、右翼の写真撮ったりとか、山谷を撮るときも、精いっぱい頑張ったつもりだし、他のことだっていろいろきわどいこともやれば、無理なこともやってきた。でも、あっちこっち頭をぶつけて、痛いめにあい、苦しい思いをしても、全部余生だなって。どんなに泣きわめきつつも、それは余生で、何をやっても死んでる……。（雑誌「コスモポリタン」一九八八年一二月号より）

◇◇◇◇◇◇◇◇◇◇◇◇◇◇◇◇◇◇◇◇◇◇

日本という国のシステムでは、多くが男の理性で動いているという現実がやはりある。南條が抱え続けた不満や不機嫌さは、そういった「男の社会」そのものに対する憤怒の念ではなかっただろうか。逆説的な物言いになるが、その既成の世界を打ち砕くには、そのパワーをアナーキーに潰していくような存在、より強い対象を求めるしかない――。それが、結果として三里塚や右翼、日雇い労働者たちへの希求につながっていったのではないだろうか。

一九七〇年代～一九八〇年代の山谷

いくらか暑さの和らいだ二〇一〇年八月の終わり、早朝の山谷には曇天から小雨がぱらつき、五時一五分を指した腕時計のガラスに雨粒が落ちる。狭い路地にずらりと並ぶ自転車や、道の角に投げ捨てられたゴミの山が目につく。

海外からのバックパッカー向けに営業する安宿や昔ながらのドヤが立ち並ぶ通りを一本抜けると、夜が明けたばかりの吉野通り（旧都電通り）沿いに男たちが集まってきていた。ハザードをチカチカと点灯させながら停車した車が、数人を乗せて発進していく。

窓から明かりが漏れる「城北労働・福祉センター」の前では、野宿していた数人が店の軒下へと移動していった。壁は焚火で黒く煤け、散在した段ボールが生暖かい雨で濡れそぼっていた。手袋や足袋、作業着などの衣料雑貨類を扱うマーケットはすでに開店しており、数人が商品を選んでいる。

「おめえ、分かるか？　ここにいる奴らはよ、アオカンするか、福祉の世話になるか、どっちかしかねえんだよ」

すれ違いざまに絡んできた男は、そんな捨て台詞を吐くと、ふらりふらりと陽炎のような足取りで去っていった。

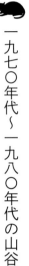

最盛期の山谷には、毎朝、仕事を求めて集まった一万にも上る人々が泪橋一帯を埋め尽くした。オイルショックなどの影響下、一時労働状況が冷え込んでいたにもかかわらず、南條のいた一九八〇年代の山谷には約八〇〇〇人がドヤ街で暮らし、仕事を求める数千人であふれ返っていた。

街角には手配師が立ち、顔なじみの労働者らに声を掛けていく。仕事の斡旋は職業安定所でも行っているのだが、口約束の手配師であれば面倒なやり取りがなく、算段も早い。酷い条件の現場もあったとはいえ、働く側としては、何よりも賃金が高いということが魅力であったのだろう。共同炊事の際、紺色のニット帽を被った元日雇い労働者のナカノさんが、当時を振り返ってこう語る。

「車に乗っていくときもあれば、マイクロで付いてったり、道順を聞いて電車で向かうこともあったよ。確かに、一九八〇年代は仕事も減ってきていて、三日に一度仕事にありつけるっていう頻度だったけど、それでもアブレ金もらって何とかなってたよね」

全国に点在する寄せ場のなかでも、山谷は少し様相が異なる。まず、大きな特徴は、家族や身寄りのない「男の世界」だということ。昭和四〇年代、居住対策として都営住宅が建設されたことによって優先順位の高かった家族連れは徐々に転居し、妻帯者や子どもは山谷を離れ、必然的に独身者が残されたという背景がある。また、「日銭を稼げる」数少ないエリアであることが、一人で生きる男たちを呼び寄せる要因となった。

「現金をすぐに稼げる場所というのは、実はそうそうない」と、ナカノさんは言う。体一つで朝四時半ごろに立てば何とかなったため、あちこちから山谷に人が集まった。

「仕事も掃除とか釘抜きとか、簡易な作業もあったしね。それに、ここは過去や肩書き関係なしだし、働いたら、その分、金がもらえたから。人を刺した奴も、借金から逃れてきた奴も、やることやれば認められた。つまり、人を平等に評価する場所だよ。だから、逆にどうしようもない奴が山といて、人生の終着地点になっていく。平気で嘘つく奴、いい顔して金盗んでトンズラする奴、モガキやって、仲間襲って、時計だのはした金を巻き上げていく奴。しょんべんして帰ってきて、道端に座り込んじゃって、動かねえから、どうしたって肩を叩いたら死んでたり。酒呑んで、わけ分からなくなって凍死したりさ。相当いたよな。裏切り、騙し、不誠実、何でもありのドロドロした世界だった」

そして、ナカノさんはこう続けた。

「どうしようもない奴も相当いたけどさ、みんな助け合って生きてたよな。何もねえけど、金のない奴にはある奴が奢って、寝るとこない奴がいたら『オレのとこ来い』とかね。そういうコミュニティーが存在してた。暴走族なんかも、山谷に入るとみんな速度緩めるんだよ。だって、酒呑んでフラフラ道路に出てくるのがいるから危ねえんだ。つまり、車優先じゃなくて人優先の社会。考えてみたらよ、そんな街、あんまりねえよな」

その日暮らしという刹那的な人間が集っていたとはいえ、まだ労働者も若く、それぞれうまく共存しながら、小さくても、わずかな希望や夢がある時代であった。

「俺はトラックの運転手やってたんだよ。運送な、八時間労働で。世間はそれを絶望だとか単純作業だとかいろいろ言うけど、まあそれでも食えてたし、酒呑んで博打して、それで幸せって人はたくさんいたよ。仲間もいたしさ。それで、死んでも別にいいって思っている人が大勢いたわけ。頭のいい奴が、それを『搾取だ』とか『底辺だ』とか言うだけで、別にそこまで悲観してなかったよ」

このように語るナカノさんは、視線を落とし、

「ただささ、食えてるときはいいけど、不況になれば最初に切り捨てられるわけだから、そこは問題だよな……」

と、ため息混じりにつぶやいた。

南條は、寄せ場の労働運動を支援していた「底辺共闘（準）」の仲間とともに動くことが多く、一時、彼女の住む部屋が「拠点」のようになった時期もあった。しかし、その活動に首を突っ込むことは一切なく、あくまでもカメラマンとしてのスタンスを貫き通し、どんな場面でも最前線で撮影を続けていたという。仲間の一人が心中の思いを連ね、こう言い表した。

「山谷にいる人間っていうのは、批判を承知で言うと、活動家みたいにインテリな奴らとはまったく違う。だってさ、社会に適応できない、受け入れてもらえないから山谷にいるわけでしょ。そういう人たちが集まってきているという現実が一方にある。だからこそ、南條さんは活動家のほうには入らなかった。彼女は、むしろ労働者側に何らかのシンパシーを見いだしていたんだと思う」

南條自身が抱える鬱屈した精神は、世間から排除された人間に感応する。体一つをよりどころにしながら生きる不器用な男たちの姿は、自らを賭けうる被写体として彼女の目には映ったのだろう。

▼不機嫌の連帯と暴動

山谷では女性の存在そのものが珍しく、ストレス発散の中心を担うのは酒や賭博である。早朝、仕事にアブレるとそのまま酒場へとなだれ込み、昼間からアルコール漬け。有り金を賭け事につぎ込んだ揚げ句、スカンピンで野宿するといった悪循環を繰り返し、アルコール依存症などに至って破綻していくというケースがなくなることはない。このように、暗澹たる状況からなかなか抜け出せないという問題が、古くから寄せ場の底部に横たわり続けている。

また、風俗店が軒を連ねた吉原界隈に隣接する山谷は、格好の稼ぎ場としてヤクザがしのぎを削る無法地帯でもあった。しかし、赤線消滅後、東京オリンピック開催を前に、一九六二年に愚連隊防止条例が執行され、都内随一の貧民窟では浄化運動を目的として取り締まりが強まっていった。その結果、ヤクザ側も苦しい立場に追い込まれていった。

その対応策として政治結社化の道を進んだヤクザは、徐々に土建業界へその力を浸透させ、より一層、過酷な労働状況を招くことになった。古くから山谷の労働市場を牛耳ってきたのは建設業界である。そして、暴力団とコミットしながら利権を貪るという構図が連綿と続いてきた。さらに、この関係を行政は黙認し、暴力手配師が一掃されるということはなかった。

昔から寄せ場労働者に対する世間の目は厳しく、「寄せ場の住人は金で買収されるから信用できない」とか「前科者」といった偏見が根強い。当時、日本の労働組合運動、社会党や共産党などが国に与える影響力は絶大であったにもかかわらず、その人たちですら寄せ場を対象外とし、キリスト教徒らによる「救済の分野」として見ていたという。

地元住民も、収入源とは考えても労働者側に立つ者は少なく、環境浄化を理由に野宿者対策として、冬場には店先に水をまくこともあった。かつては、降雨によって仕事にアブレる労働者のため、梅雨時に一万食の炊き出しを旅館組合が実施していたこともあるが、それも度重なるトラブルから両者の溝を深めてしまい、廃止に追い込まれた。

また、警察側の労働者への弾圧も非常に強かったという。ヤクザの路上賭博は見逃しても、何もしていない労働者はマンモス交番に連れ込まれていく。時には、ズダ袋を頭からか

センター前で暖をとる労働者（撮影：南條直子）

ぶせられてボコボコにされるなど、「職務質問」という名の暴行があったのも事実である。それゆえ、労働者の権力側への「恨みつらみ」は相当なものであったと思われる。

世間から受ける差別的な視線と、日常的に起こる搾取、それに伴う将来への不安感――そういったさまざまな要因が理由なき反抗心を鬱積させ、群衆の暴徒化を招いていった。

寄せ場は社会構造上、そのひずみがもっとも顕著になる、「社会の矛盾」が集中してしまう場所である。バブル崩壊前までに何度かの不況に見舞われたとはいえ、どうにか「食えた」時代でもある。景気のよい時期には徹夜仕事で二万円前後の収入、鳶《とび》職なら一日三〜四万円を得ることも難しくなかった。しかし、不景気になれば一気に仕事が減り、そのしわ寄せを受けてしまうのが寄せ場の人間である。

仮に、一時期金銭的に恵まれても、保証のない日雇い労働者は景気の影響をもろに受け、すぐに食えなくなる。寄せ場で暴動が起こるのは、何の保証もないことから来る不安や不満で、それが根底にあったと言える。

釜ヶ崎にしても山谷にしても、暴動は夏に頻発する。その理由は、ドヤの劣悪な環境が大きな要因となっている。部屋一面を埋めつくしたベッドは、人間版「カイコ棚」である。暗くて狭いうえに、エアコンもない風通しの悪い部屋には熱気がこもり、肉体労働で疲れた体をゆっくりと休めることができない。暑さで疲労が増幅され、不快感が高まるのだ。

いら立った労働者は涼を求めて外へ出る。夕刻時、通りに人が集まり出すと、自然と車座ができて酒盛りへと進む。徐々にエスカレートする宴会は、些細なことが原因でいさかいを起こし、そこに警察官が介入しようものなら、ここぞとばかりにわだかまりが暴発。そう、「山谷ナイター」とも称される夏場の騒動を引き起こしていった。

日々の生活のなかで沸き起こる怒り、諦めや焦り……どこにも行き場のない人間にとって、このような負の感情は説明のつかないイライラ感を募らせ、心の熱を上げていった。元々沸点の高いところに自転車一台投げ込まれれば、化学反応を引き起こしたように一気に伝播し、エネルギーが爆発した。

「クズでも何でも、俺たちだって生きてんだ！」

労働者が常に抱える「不機嫌」という溶解物は、発散されることなく寄せ場の奥底に澱み、そこに共鳴したのが南條であったように思える。社会からつまはじきにされた人間同士が共振しあう「不機嫌の連帯」である。

▼ヤクザと組合運動

山谷には労働者を支援する組織がいくつか存在しており、一九八〇年というのは組合が立ち上がる過渡期であり、運動が盛りあがっていく時期と重なっている。そして、対西戸組、のちに本家・金町一家と労働組合の対立が中心軸となり、「山谷八〇年代」を貫いていくことになる。

山谷争議団の結成によって組合運動の低迷状態を越えた一九八二年の春、寄せ場で暴動が起こった。きっかけは定かではないが、「路上強盗があった」という情報から「犯人だ」という男を争議団の活動家らが取り囲んだ際に警察が介入し、男を保護したことから抗議の輪が広がったという。数時間にわたってマンモス交番は制圧され、通りにあった数十台の自転車が滅茶苦茶にぶち込まれた。割れた窓ガラスの破片があたりに散乱し、建物は壊滅的な状態に陥った。

これが、世に言う「四・二五暴動」である。

騒ぎは夜半まで続き、たまたま暴動に遭遇した南條は興奮ぎみにシャッターを切った。暗い路地裏を機動隊に追われて必死に逃げる男たちが、シャツを引っ張られ、一人二人と連行されていった。遠巻きに見物する野次馬の人垣。怒号が飛び交うような緊迫した空気が、照準の定まらない「ブレた写真」に漂う。

4・25 暴動（撮影：南條直子）

数年ぶりの大きな暴動後、一九八二年から一九八三年にかけての越冬闘争では、「山谷労働統一組合」と労働者を主体とした「山谷争議団」との間に生まれていた確執が決定的となり、折り合いがつかずに分裂する。

この成り行きに戸惑いの色を見せながらも、南條は玉姫公園での炊き出し、「もち代」（年末給付金）

を受け取るために並ぶ人の列、鉄条網に囲われ、隔離施設にも見える大井寮、東京都庁への抗議の様子などを撮影している。炊事、医療、人民パトロール、文化情宣、防衛、労働相談……どの組織にも属することなく、淡々とその様子を切り取っていった。

ここで南條が撮影していた「大井寮」について言及しておこう。支援者の一人である軽部哲雄さんから聞いた話を紹介する。

「仕事がなくなる年末年始、行政側は、宿泊先がない労働者たちのために寮を用意していたのですが、その一つが『大井寮』で、別名『大井収容所』と呼ばれていました。寮に入るには、まず台東区の体育館前に並んで審査を受けるのですが、手帳を持たなくても入ることができました」

基準としては「所持金がなく、泊まるところがない人」というのが条件だったが、決してそこに当てはまる人だけではなく、いかにも労働者という格好をした活動家もいたという。一二月二九日の早朝から並び、審査に通ると、そのまま東京都が用意した貸し切りバスに乗り、寮へ運ばれていった。

「東京都の埋め立て地で、広大な原っぱ、何もない番外地に二階建てのプレハブ小屋が三か所建っており、建物の周りは、自由に出入りができないように鉄条網で囲まれていました。都が指定した場所に建物を造り、民生局から委

大井寮（撮影：南條直子）

託された業者がそれぞれの建物を請け負っているため、お互いに交流できないようになっていたのかもしれません。年末年始になれば解体されるため、ベッドなどはなく、学校の教室のようなガランとした広い部屋に布団をぎっしり敷き詰めるといった状態で、足の踏み場もなかったです。一棟五〇〇人程度だったため、収容所に近かったですね」

泥だらけのような状態で連れていかれるため、バスの中はすえた臭いが充満し、交代で風呂に入るも、初日、浴槽は一回で泥だらけになったという。

軽部さんは、労働者たちの気持ちを次のように代弁してくれた。

「刑務所に入ったことのある人間も少なくなく、『刑務所よりひどい飯だ』、『外に自由に出られない』、『酒ぐらい許可しろ』などの声が上がり、業者に突き付けて、改善していくようなこともありました。ターゲットは責任者、いわゆる寮長になるわけですが、つるし上げになってくると労働者もヒートアップしてしまい、『ぶっ殺してやる!』というところまでいっていました。その怒りというのは、ただ飯がまずい、寝るところが狭い、といった表面的な部分ではなく、もっと根深いものです。それ自体が隔離収容の施設であり、自分たちを排除するための施策であることへの不満。むしろ、そういった自分たちの置かれた状況に対する怒りだったように感じます」

一九八三年夏、南條は一人、東北旅行へと出掛けた。古い街道を歩き、仏像や史跡をめぐりながらの撮影旅行だった。それまで人間ばかりを追っていた南條が、「人」のいない風景を撮ったのは、恐らくこのときの旅が唯一であろう。そして、この旅の際、改めて気づかされた事柄があった。

山谷との関連でいうと、東北を歩いて、その独自の文化や歴史に感動したとき、ふと山谷の人たちはこういう所から切り離されてしまった人たちなのだなあと強烈に感じたわけです。というのは、東京の山谷とか、あるいは京浜工業地帯の労働者には、圧倒的に東北出身者が多いのです。彼らの心の中にあるものが、はじめて分かったような気がしたのです。（一九八三年九月四日、家族への手紙より）

山谷で生活をはじめて四年目、彼女は少しずつ、日本での生活から海外へと目を向けはじめた。なかなか抜け出せない閉塞感から、「日本脱出」が突破口になるのではないかと考えたのであろう。一九八四年九月、南條はインドへと旅立った。行き先はどこでもよかった。とにかく日本を、先の見えない状況から飛び出したかったのだろう。そのときの心境を、自著『戦士たちの貌――アフガニスタン断章』（径書房、一九八八年）で次のように語っている。

◇◇◇◇◇◇◇◇◇

ただ、出口のない日本の生活から逃げだしたかった。大きな仕掛けの幻想を見たかった。その舞台に「インドの混沌」を選んでみた、それだけだった。（前掲書、七ページ）

幻想を追って

二〇一〇年八月のお盆初日、暑さが少し和らいだ夕暮れ時。春に竣工したマンションが完成し、その横には干からびた「かさぶた」みたいな木造の建物がくっついていた。エアコンがついていないらしく、不用心に開かれた一階の部屋からは、蛍光灯のまぶしい灯が暮れなずむ街へと漏れている。

狭い路地にズラリと並ぶ自転車。海外からのバックパッカー向けに営業する「エコノミーホテル」なるドヤも増え、スーツケースを引く外国人の姿もチラホラ見られる。

歩いていると、お囃子の音が聞こえてきた。玉姫公園で、労働組合による夏祭りが開催されていた。事情があり、帰省する場所のない人たちが多く集う場所ゆえ、お盆の三日間、炊き出しやカラオケ大会のほか、スイカ割りや盆踊りなどが毎年行われている。

それほど広くはないグランドには立派な舞台が敷設され、地面いっぱいにゴザが敷かれていた。マイク片手に叫ぶ支援者の声。男たちは一杯一八〇円のウーロンハイと缶ビールを片手に、それぞれの過ごし方をしていた。

仲間たちと談笑する者、ゴザの上で大木のように寝転んでいる者、ぼんやりとただ舞台を眺めている者、普段であれば見られる子どもの姿は、ここでは皆無だった。

ステージでは、ハーモニカのバンドが演奏していた。その音楽を聴きながら、広場の片隅を見る。

フェンスには「追悼」の二文字。白い布がかけられた焼香スペースが設けられ、数枚のモノクロ写真が掲げられていた。よく見ると、佐藤満夫、山岡強一（第2章参照）の写真も飾られていた。

私は世界でただひとり、文句なしに尊敬している人がいる。それは山谷の山岡さんだ。（一九八六年、家族への手紙より）

そう言い切るほど、南條は山岡を崇拝していた。屈強そうな体には不似合いとも思える大きくて柔和な瞳と、無造作に生えた鬚面の男。のちにアフガン取材の記事を『毎日グラフ』や『潮』などの雑誌に掲載することになるのだが、そこに南條の名を見つけることはできない。「世間には政治的に右だ左だ、共産主義だ、反共産主義だと騒ぎ立てる心の狭い人々も多いから、実績を作るまでは本名を使わない方がいい」（家族への手紙を参照）という思いがあったこと、そしてどうせペンネームにするのなら、尊敬する山岡強一から名を取って、「山岡洋子」を使用していた。

玉姫公園で開催された山谷夏祭り

夏祭りでの南條直子写真展（2012年）

一九八六年年の暮れ、南條は約三か月ぶりに帰国した。彼女には、すぐにでも旅の報告をしたい相手がいた。それが山岡であった。

「ムジャヒディンに対する感動をどうしても伝えたい相手がいた。山谷争議団の山岡強一」（前掲『戦士たちの貌』二八〇ページ）

いつでも会いに行ける、と信じていた。しかし、その思いは、仲間からの一報、「やまさん、殺られたよ」によって打ち砕かれた。

彼は無口で恥ずかしがり屋で、派手な言動で目立つようなタイプではなかったのですが、自分の頭で考え抜かれた一言一言の言葉は、一価千金という感じでした。彼という存在を失い、路頭に迷ったような気がしました。（一九八六年、家族への手紙より）

先に記したように、一九八六年三月に山岡強一の「人民葬」が執り行われた際、南條はその様子を撮影している。著書にも、その日のことが書き記されている。

◇◇◇◇◇◇◇◇◇

「人民葬の日、山谷・玉姫公園には作業服姿の労働者があふれ返っていた。釜ヶ崎から笹島から寿町から隊列を組んで上京してきた日雇い労働者たちが膝を抱えて座り込んでいるまわりに、山谷の男たちが黙って集まっている。黒いリボンに結ばれた山岡強一の写真のまわりに一升ビンが並び、七分ズボンの男や、ある決意を持ってデストロイアー・マスクですっぽりと顔を隠した男たち、雑多な長い焼香の列が、座り込んだ人々の間を横切ってゆっくりと動いていく。

集会が始まろうとしたとき、場違いな台詞が飛んできた。

「あなた、顔色が良くなったね、若返ったんじゃない?」

笑顔で声をかけてきたのは、山岡強一の奥さんだった。

「このたびは――」口をモゴモゴさせていると、彼女は手を振ってさえぎった。

「いいのよ、そんな――」

誰一人として笑う者などいない公園とその周辺で、彼女一人が時たま笑顔を見せた。向こう側が見えるような透明な笑顔だった。(前掲『戦士たちの貌』一八三ページ)

山岡の人民葬(撮影:南條直子)

この日、南條が撮影した「透明な笑顔」の女性、それが山岡照子さんであり、この一枚が三〇年以上の時を経て、奇しくも彼女の遺影になったわけである。

緊張の続く山谷を撮り続けた南條は、そのときの心境を次のように綴っている。

本当は、山谷に出掛けて再び山谷でカメラを持ち出すことは私にとっては精神的に非常にしんどく、電車に乗る時も「逃げてしまいたい」という気持ちと、「出掛けて自分の仕事をしなければならない」という気持ちの葛藤で苦しくて、胃が痛くなっていたのですが、逃げずに行って良かったと思っています。

フリーの仕事というのは、自分でやる気を出さないと誰も強制しないし、助けてもくれないし、逃げるのは自由です。私はもう、自分は逃げてしまうだろう、と思って、山谷に着くまで自分が本当に山谷で写真を撮るなんて考えられないような気がしていました。でも、逃げなかった。それで自分が以前より少し自由になり、少し自信がついてきたような気がします。小さな一歩ですけど。（一九八六年三月一八日、家族への手紙より）

山岡照子（撮影：南條直子）

山谷四・三暴動

路地に投げ捨てられたゴミの山に旭光が差し込む。

一九八六年四月三日、東京サミット開催のため都内では厳戒体制が敷かれていたが、その裏で暴動が起こった。のちに「山谷四・三暴動」と呼ばれ、日雇い労働者たちが自発的に起こした山谷最高潮の闘いであったと言われている。

そのきっかけをつくったのが南條だった。当時、労働者の支援活動を続けていた底辺共闘のメンバーが次のように語ってくれた。

「あの日、支援者とか左翼の活動家連中は、機動隊に守られながらデモをやってた。拳を上げて『断固闘うぞ』なんて情宣して、闘ってる気になってたんだな。それがだよ、まったく別の場所で勝手に暴動が起こってる。『暴動が起こった!』って、あとから聞いて、慌てて駆け付けるっていうざまだった。そもそも活動家は、労働者ありきなわけでしょ。でも、

山谷４・３暴動（撮影：南條直子）

結局、肝心なところに活動家はいない。そこにいたのは、労働者と写真を撮ってた南條さんだった」

この日の様子を、ドキュメンタリー小説のように再現していきたい。南條直子の著書『戦士たちの貌』と、私が取材した情報をもとに構成したものだが、筆力のなさがゆえに至らないところがあると思うが、情景などを想像しながら読んでいただきたい。

その日は、早朝からピリピリとした空気が漂っていた。旧都電通り（吉野通り）に現れた迷彩服姿の日本国粋会金町一家と、それに対峙する労働組合「山谷争議団」。いつはじまってもおかしくない暴動を、機動隊が牽制し続けている。

その様子を、南條は高揚した面持ちでカメラに収めていた。

小気味よいシャッター音を重ねながら、男たちの姿をファインダーが捉えていく。短くカットされた髪、化粧気のない顔には大きなトンボメガネ、長身でスラッとした体格に、ジーンズとカーキ色の地味なベストを纏っていた。そして、足元はというと、へたれた白いスニーカー。首から二つのカメラをぶら下げた南條の存在は、当然、浮いていた。そんな彼女に私服警察官が近付き、言い捨てた。

「オイ、ここはお前の来るところじゃない。帰れ！」

警察官をひとにらみすると、南條はすぐまた完全無視を決め込み、シャッターを切り続けた。

ムッとした警察官が再び何か言いかけようとしたとき、前方から、パンチパーマに迷彩帽をかぶった男が口を尖らせながらこちらに向かってきた。

「何、撮ってんだよ！　そのカメラ、こっちによこせ！」

南條は反射的にカメラを抱えた。これだけは取られてたまるか。これまでに何度も味わってきた屈辱。撮影の妨害、罵倒、フィルムの奪取、カメラごと持ち去られることも珍しくなかった。苦労して撮影した写真を、一瞬にして奴らは踏み潰していく。それが分かっていたから、身構えたのだ。

男は「フン」と鼻でひと笑いすると、指差しながら南條に向かってこう言った。

「お前、確か〇〇の女だろう」

彼女の怒りは、一気にマグマが噴きあがるごとくであった。

一体、いつの話をしているんだ。それに、お前は誰だ。どうして、見たこともない奴に指を差されなければならない。

とにかく、我慢ができなかった。理性がどこかに飛んで消えうせた。

「うるせえんだよ！」

暴力団相手に威勢をきかせ、怒鳴り返した南條。その声は、様子をうかがっていた金町一家の若い衆にも届いた。

「何だと、このアマ！」

このひと言が号令となり、迷彩服たちが目の前のガードレールを飛び越え、南條を取り囲んだ。そして、容赦なく蹴り飛ばしはじめた。腹部への鈍い痛み。メガネは叩き壊され、カメラのストラップが引きちぎられた。

「ホーラ、取ったぞ！」

転がったカメラを奪い取ると、男たちは何事もなかったように、笑いながら引き揚げていった。

「何すんだ！　そのカメラを返せ！」

追い掛けようとする南條の体を、機動隊が押さえつけた。そして、必死に逃れようとして暴れる南條をズルズルと引きずる。

「ふざけるな！　あのカメラにはたくさんの傑作が入ってるんだ！　とにかく返せ！」

あるだけの力を絞り出し、大声を上げながらわめき散らした。

「だから言っただろう、お前が悪いんだ」

機動隊の言葉に、一瞬、耳を疑ってしまった。だったら、どうして止めなかったのだ。寄ってたかって迷彩服たちが蹴り上げるのを、お前たちはただ見ていただけじゃないか！

「このクソヤロウ！」

奪われた「カメラを返せ」と、彼女は繰り返し大声を張り上げながら暴れ続けた。

この一連の騒動を、労働者たちが見つめていた。騒ぎ立てる若い女、たしなめる機動隊、せせら笑う暴力団。

徐々に労働者たちのなかから、南條を連行しようとする機動隊に向かって投石する者が現れた。それが引き金となり、機動隊と金町一家への投石や投瓶が瞬く間に広がっていった。道路は封鎖され、山谷通りには人の山が築かれた。労働者たちは、金町一家が逃げ込んだ喫茶店『グリーン』に容赦なく瓶を投げつけていた。

追い詰められた暴力団たちは、シュガーポットやコーヒーカップ、揚げ句の果てには民家の屋根によじ上って瓦をはがし、それを投げ付ける形で応戦した。通りには、ジュラルミンの盾を持った機動隊が集結し、交通は完全にシャットアウトとなった。まるで、戦場さながらの衝突であった。


暴動にたまたま居合わせた一人はこの日のことを、「街全体が揺れる、地鳴りがするような感じ」と表現している。そして、南條は次のように書き残している。

◇◇◇◇◇◇◇◇◇◇◇◇◇◇

意外だった。あれほどついて行きたかったアフガニスタンのムジャヒディンの部隊とこんなところで再会するとは。意志のある双眸にボロをまとった、あの汚れたターバン姿の行軍がこんな所に繋がっていたなんて。……お前たち、ここに居たなんて。（前掲『戦士たちの貌』二八九ページ）

南條が克明に撮影した暴動写真を見つめながら、苦虫を踏みつぶすような顔で元活動家が語ってくれた。

「南條さんの写真見たら分かるじゃん。ここに活動家はいない。労働者しかいない。つまり、その日、ある事実が露呈したんだな。いつの間にか、活動家と労働者の距離がこーんなに開いてしまったという事実。だから、その日を境に、何か大きく変わっていく予感があったよね。それはチェンジっていうより、櫛の歯が落ちていく様子に似ている。だんだんダメになっていく、そのことに気づいた活動家がどんどん下りていった」

ジュラルミンの楯を掲げて武装した機動隊、屋根に上って労働者を見つめる金町一家、相手をやじる労働者の姿。それは、二本のフィルムに収められた五〇枚に及ぶモノクロ写真である。

「だけどさ、まだ終わってないんだよね。トンずらした連中にとっても、あれ以来ずっと続いている。そう、いまだに答えが出ないんだよ」

南條の写真は、あの日、山谷にいた活動家にとってみれば、思い出したくない過去をいやが上にも思い出させてしまう代物であり、痛みを伴うものである。「下層主義的なもの」に一気に突っ走ったが、「失敗」。活動家たちにとってあの暴動は、胎胚《はいたい》する膿のようなものであった。しかし、その写真は一つの記録として完成され、そこに人は思いをめぐらせる。この日のことをどのように捉えるのか、その答えらしきものを探すヒントになるかもしれない。

最後の出発

どこかで、心の整理がついたのだろう。それから数か月後、南條は山谷から練馬への引っ越しを決めた。どっぷりと浸かった寄せ場から、少しだけ距離を置くことにした。

一九八六年八月、南條は再びパキスタンへと向かい、国境付近に広がるアフガン難民キャンプなどへの潜入を果たしている。そして翌年の一二月一二日～一七日、南條は初の写真展「サラーム MUJAHIDEEN！～アフガニスタンの日々」を「ドイフォトプラザ渋谷」で開催した。

一九八五年八月から数か月にわたる二度のアフガン潜入、そして一九八六年八月から一二月にかけて追った国境上の難民キャンプ、内戦の続くアフガンの国情を取材した二年間の記録であった。「サラーム」とは「こんにちは」という挨拶の言葉であるが、「平和」とか「平安」という意味もある。

南條の人生に少しずつ追い風が吹きはじめ、マスコミに大きく取り上げられるなどして、世間の認知度も上がっていった。出版社も決まり、あとは原稿を書き上げる自らの持続力次第である。彼女の処女作となる『戦士たちの貌』を出版した径書房の元代表である原田奈翁雄さんは述懐する。

「原稿を読んだとき、これは出版してやりたいと思いましたね。すぐ本になるような原稿というのは滅多にないですが、とにかく僕が読んで共感できた。事実を自分から求めて観察し、捉え、考えてきている。そういうのは稀有なもので、それを表現する力をちゃんともっている。すごく強烈でしたよ」

続けて、彼女の写真への視点についてはこう語っている。

「写真について、いわゆる新聞社のジャーナリストとか、グラビアとか。そういうのに違和感をもっているわけでしょ。もちろん、彼女自身も売れる写真を願っていないわけじゃないけれど、しかし戦争はそうじゃないんだと。このアフガニスタンの人々の暮らしそのものが戦争じゃないかと。そういうところに気がついていくわけでしょ。それは、本当に大事な視点だと思いますね。だから、いわゆるジャーナリストというよりは共感者ですよ。人間に会いたい、そう強く求めていたわけだからね」

写真展を無事に終了させた南條は、年末年始、山谷で実施されていた越冬闘争に参加している。山谷を離れてから二年目。一定の距離感を保ちつつ、寄せ場にも正面から向き合えるようになっていた。その越年には、写真家・長倉洋海《ひろみ》の姿もあった。

一九八三年より、「パンシェールのライオン」、「ゲリラ戦の英雄」と賞賛された若き司令官・マスードを追っていた長倉は、アフガニスタンでの取材を通して南條とは顔見知りであった。互いに取材や撮影を行うと、「お疲れさま会でもしましょう」と声を掛け合うという仲である。

一九八八年一月中旬、新年会には写真仲間数人が集い、その席に大島俊一（七一ページ参照）もいた。南條はそこで、「本も書いたし、雑誌にも記事が掲載されたし、近いうちにそれを持ってアフガンにお礼に行きたい」と話していたという。

そして、一九八八年八月二六日、著書の原稿を脱稿し、友人に家賃やアパートの鍵、本に使用する写真を預け、慌ただしく日本を出国した。出発前には必ず入れていた実家への連絡をすることもなくアフガニスタン入りを目指し、「成田発、北京・イスラマバード経由カラチ行き」のパキスタン国際航空301便に搭乗した。

二〇二一年四月、かつて南條が過ごした清川の木造アパートに足場がかけられた。通りの前から建物を見上げながら、ついに取り壊しかと思っていたが、その数か月後、シートが取り払われると、そこはクリーム色をした外壁の建物に生まれ変わっていた。アパートはすっかりリフォームされ、マンションに囲まれながら今も建っている。南條が暮らした二階の部屋には新たな住人が生活しており、窓の外では洗濯物が

左：アフガンに建立された墓石（1990 年）
右：ムジャヒディンと共に（1985 年）

揺れている。夕方になると、明かりの灯る様子が路地から確認できた。

数十年来、山谷にかかわってきた支援者の一人が、南條のモノクロ写真を感慨深げに見つめながら話してくれた。

「たとえば、越冬のときとか、夏祭りとか、そういったイベントだけ撮影していくカメラマンっていうのは、今までにも何人かいましたよ。ただ、山谷に暮らして、どっぷり撮っていた人っていうのは南條さんしか思い浮かばない。だからこそ、彼女の残した写真って貴重なんですよ。写真自体が少ない場所ですからね」

当時、ほとんど評価されることのなかった寄せ場をテーマにした写真群は、三〇年以上の年月を経て、「山谷」の歴史を知る「史料」となっている。それらを撮影した南條直子は、確かにこの街で生きていた。

第４章
ヤマの看取りと共同墓地

2012 年大晦日の玉三郎

二〇一六年七月一五日、雨が降り注ぐ「町屋斎場」には多くの会葬者が集まっていた。喪服に身を包んだ人はほとんどなく、作業着など、斎場にはあまりそぐわない格好をした集団が心なしか目立つ。そこへ、浄土宗光照院の吉水岳彦《よしみずがくげん》住職（終章参照）が小走りでやって来た。

光照院は台東区清川一丁目にある寺院で、私が働くコスモスのほか、山谷で活動するほかの団体もここに墓を建立している。二〇〇九年から若手僧侶有志とともに「社会慈業委員会　ひとさじの会」を発足した吉水住職は、山谷・上野エリアでの炊き出しや夜回り、身寄りがなくなった人やホームレス状態にある人の葬送支援を行っている。また、寺の近くに「こども極楽堂」を開設し、子どもの居場所づくりに取り組む傍ら、スピリチュアルケアワーカーや大学講師という顔もある。

光照院で６月に行われた「施餓鬼会（せがきえ）」

最近では、東日本大震災の遺族をはじめとして、すべての人々の悲嘆や苦悩を受け止める大仏の建立を目指す「いのり大佛プロジェクト」の勧進聖の代表を務めており、二〇二六年の完成を目指して全国各地を行脚している。

ちなみに、この光照院、池波正太郎の『鬼平犯科帳（1）』にも登場する。一巻「啞《おし》の十蔵」の三行目に、「光照寺という寺の横手に、その小間物屋があった」との一節があり、小説にもその名が残っている。

さて、柔和にほほ笑む吉水住職が手にしている白木の位牌には、「山谷玉三郎」の名がしっかりと刻み込まれていた。参列に駆けつけた仲間は軽く七〇人を超え、棺の中は色とりどりの花でいっぱいである。

最期のお別れがすむと、みんなの手を借りながら木の蓋がゆっくりと閉じられ、棺を載せたストレッチャーが炉の中へと動き出す。炉の扉が開き「ガシャン」と音を立てながら、ストレッチャーが炉の中へ入っていく。一瞬だが、オレンジ色の炎が見えた。観音開きの二重扉が、重たい金属音を立てながら閉じられる。

斎場の職員がボタンを押した。

合掌と同時に、「よ、たまちゃん！」というかけ声がかかり、見送る参列者から拍手が湧いた。享年六六歳、人生という舞台から「山谷の玉三郎」が降りた瞬間であった。

山谷の玉三郎

第二次オイルショックの時代（一九七八年）から山谷に入ったという「玉三郎」。とにかく顔が広くてエネルギッシュ、バイタリティーのある寄せ場の

玉三郎

有名人であった。

「ヤマから来た労働者ってのは、なぜだかその雰囲気で分かる。こう、背中を丸めてるような感じで、本人自身が使い捨てにされている、差別されているという思いがあり、その人をぎこちなくさせていたのかもしれない。この街には、いろいろな過去や重荷、言えない悩みを抱えた人がいて、周りからは冷たい目、現場では重労働、田舎では立場がないという人がやって来る。ただ、『自分は労働者だ』っていう誇りがあり、『働く仲間の会』っていうのをつくった。でもね、結局は呑んべえの会になっちゃったけど」

こう言って、玉三郎は人懐っこい笑顔を見せていた。

「働く仲間の会」とは、玉三郎いわく、「能書きばかりで働かない（労働者と結びつかない）争議団」と労働者をつなぐべく（玉三郎の言い方）創られたグループ」で、第2章でも取り上げた監督の佐藤満夫（新潟）、山岡強一（北海道）の出身地を巡業したり、温泉旅行をするなどといった労働者仲間の集まりであった。インテリ層の若い活動家たちと呑んでは、「お前らは信用できない」などと煽り、試すような言葉を投げては議論をしていたという。

一九五〇年、熊本県南阿蘇生まれ、実家は浄土真宗の寺院で、本名は「佐楢見《さならみ》昭賢《あきのり》」。五人兄弟の長男で、弟は六歳のときに亡くなっているが、三人の妹さんは健在だ。家に対する反発があったのかどうか、本人は寺を継がず、熊本、大分、沖縄、大阪と放浪し、二八歳で上京している。

放浪していた時期のことについて、玉三郎は次のように語っている。

働いて貯めた金であっちこっち旅してた。沖縄とか空港のできる前の与論島とか。沖縄に行ったのは返還された一九七二年の次の年かな。その帰りに途中で資金が尽きたわけ。大阪の長居陸上競技場のそばのユースホステルで、ガラス職人だった友達と二人で金がなくなっちゃった、どうしようかってなった。その時、パッとスポーツ新聞の広告を見たわけよ。スポニチ、今もあるけど。そこに「日払いあります」なんて載っていた。それまで日払いなんてやったことなかったけど、「いつでもいいですよ」って言うんで行ったわけ。

それが最初で、住之江の人夫出し飯場だった。住之江競技場のすぐ近く。自転車で五分もからない所。そこでは、仕事は建築現場というより会社関係が多かった。造船所がいっぱいあった。そこにしばらくいたんだよ。そのうち（釜ヶ崎がある）西成っていう所があるから、一回見にいこうと行ったんだけど、最初は怖くてバスで一周してから商店街を見て。歩いてても、なんか怖くてね。（『山谷』制作上映委員会編『寄せ場にたった女優たち』一九九八年一〇月一五日発行）

どこにでも仕事のある時代であり、血気盛んな労働者たちが集う「釜ヶ崎」には気後れしたのか入らなかったようだ。

「いわゆる玉はヒッピーだった。家が坊主で、恵まれていないわけじゃない。しかも長男。普通に行けば、彼は仏教系の大学に行って、寺を継ぐってことだったわけ。おそらく、それが嫌で家を出てフラフラと、アルバイトなんかをやって暮らしてた。そういう生活のなかで芸能の人に会って、そこから芝居の世界に入っていった」

と話してくれたのは、第2章でも紹介した小見憲さんである。

「山田昇」というのが当時の活動ネームで、山谷最大のドヤ「パレスハウス」に三十数年以上住んでいた。

「パレスは風呂場が大きくて中庭もあり、労働者の行き来も自由だったから、当時はみんな泊まりたがる人気のドヤだったんだよ。玉姫（公園）にはたくさんの労働者がいて、三日間で三万円のチップがもらえるような、モテモテな時代があったんだから」と、かつて玉三郎は語っている。

映画『山谷《やま》――やられたらやりかえせ』の中盤には、一九八五年に開催された「第二回　山谷の夏祭り」のシーンがある。そこで、カツラをかぶって女装で踊り、着物の裾をパタパタとめくってご祝儀をもらっていたのが玉三郎である。そのころから、「山谷の玉三郎」として名を知られるようになる。元々踊りが好きで、自ら研究し、独自の踊りを身につけていった。

左：現在のパレスハウス
右：かつてのパレスハウス中庭

当時の山谷には、労働者たちの活気がみなぎっていた。そのため、現実社会に物足りなさを感じていた若者が、この場所に吸い寄せられていく。支援という形で携わる者、大学を中退し、自ら労働者になる者。また、アングラ劇団が寄せ場を拠点に演劇活動を行うなど、芸術の発信地としての役割を山谷は担っていた。

少し時代はさかのぼるが、山谷の中心である「いろは会商店街」には、戦前「吉祥亭」という寄席があったという。空襲で焼失したあと、同じ場所に演芸場「吉景館」が建ち、気軽に大衆芸能が楽しめる場所として賑わったが、こちらも一九六四年の火災で焼失している。

一九七八年から一九八〇年、横浜の寿町にはいくつかのアングラ劇団が芝居興行を打っていた。その代表格が一九七二年に結成（一九七三年二月公演）された「曲馬舘」である。全国を行脚しながら野晒しのテントで公演を続けた「曲馬舘」は、一九八一年に解散している。その翌年、「山谷」、「在日朝鮮人」、「反天皇制」を柱にした新劇団「風の旅団」（一九八二年結成、一九九四年解散）が結成されると、寄せ場、とくに山谷が大きな表現の場となっていった。桜井大造が主宰し、現在は「野戦之月」としてテント芝居を続けている。

「曲馬舘」の解散後、「驪団《りだん》」（一九八一年結成、一九八六年解散）を経て、一九八七年に結成したテント劇団が「水族館劇場*」であり、その芝居集団に玉三郎も出会った。毎年行う「越年越冬闘争」では、大晦日、「城北労働・福祉センター」の前で『さすらい姉妹』という芝居が上演されているのだが、玉三郎もその舞台に立っている。

二〇一三年の暮れ、越冬を前に、「さすらい姉妹」（千代次を座長とした、女優二人のユニット）の芝居の冒頭で踊りと口上を披露しているので、その一部を紹介したい。

諸君の楽しみは、待乳山商店の冬景色、竹屋の渡し、隅田川、浅草ロックに浅草寺。これらの街に囲まれて、日雇労働者の街、山谷ともいう、地図にない街山谷がございます。山谷全盛期には、労働者であふれごったがえし、夜になると立ち呑み屋は大入り満員、路地裏から流れるカラオケ、三畳一間のドヤは超満員、山谷の景気絶好調時代の話です。高度成長を支え、建築現場、土木工事、公共事業、高速道路、新幹線、地下鉄、ダム工事、上下水道現場で働いてきたのでございます。

　しかし、バブルははじけ、不景気の影響をもろに受け、仕事の減少、労働者も少なくなり、現場で働いていた労働者も高年齢化、山谷も冬の時代を迎えている現状です。血と汗と涙の結晶、労働者魂を忘れずにいてほしいもの

さすらい姉妹（2012年末）

です。（次ページに掲載した『玉の本』より）

「水族館劇場」の創設メンバーの一人である千代次は、「さすらい姉妹」の座長を務めている人物である。一九八〇年代当時は、志を同じくした者同士の政治的分裂のただ中にあり、それをふまえたうえで、映画『山谷《やま》――やられたらやりかえせ』が上映されたあとにあったトークイベントで次のように語っている。

「玉三郎は、敵対する二派、三派、何派でも全部またいでいたと思います。芸事の人間には、政治の流儀は通じません。両またぎで生きるのが芸事にかかわる人間の仕事だし、力だと思います」

晩年はデイサービスでも踊りを披露するなど、人気者となった玉三郎。彼の周りには、いつも人の輪ができていた。

二〇〇八年頃より肝炎や糖尿病を患い、一時は「もうダメかも……」というところから復活した不死身の男である。あちら側の世界へ渡ろうとしたときも、たくさんの人がその名を呼んだら唇を動かし、手をヒラヒラさせて山場を乗り切った。

＊昭和の終わりに創設された野外劇の役者徒党。中世河原者の系譜に自らを位置づけ、一九八七年より芝居の坐を全国に建立開始。「野戰攻城」と名付ける野外公演では、建築資材を援用し、サーカス天幕のような巨大な仮設小屋を役者自身が建てている。

「一夜泊まりのドヤ暮らしの独り言」という、玉三郎が書いた文章がある。

三〇年、いやそれ以上かも。ドヤ暮らしのかいこ棚、うなぎの寝床、蜂の巣みたいな所で生活していると、何時の間か心が荒んで来る。頑張って生きている人に、頑張って声を掛けて、「俺は八十三歳、あんたは幾つだい」。目が何かを訴えている。パレス生活、悲劇、我儘、言うが儘、為すが儘。免疫力が落ちると、病となってしまう。「俺は肺炎だ」。あんたの一言、じゃあどうすれば良いの。無言の言葉って有るの。経験はある。病気のデパートだもの。モルモットだもの。副作用を麻痺させる酒は、薬なの。胃の中で叫ぶ、SOS、ヘルプミー。酒が、酒の力を借りて、酒を飲む。非常口を捜す。腰の抜けた酔っぱらい、歩けないのを見た。ドヤはヤサなのさ。一夜泊まりの、止まり木なの。雀の宿、カラスのねぐらなの。カラスの勝手でしょう。（『玉の本』より）

『玉の本』

二〇一六年六月、食道がんの診断を受け、山谷にあるホスピス「きぼうのいえ」に入所した。ホスピスでの玉三郎の様子を、私自身の日記をもとに振り返っていきたい。

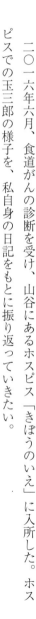

▼二〇一六年六月二四日

施設内では内装工事がはじまり、工具音が鳴り響いていた。玄関を入って通路の左、一番手前の部屋に玉ちゃんはいた。ドアを開けると車いすに乗り、こちらに背を向けている。

「おかえりなさい、山谷の玉三郎」

視線を合わせて挨拶するが、うつろな様子で、時折、湿った咳をしている。朝は脱水ぎみで血管が縮み、「ルートが取りにくい」と担当の訪問看護師さん。仙骨部《せんこつぶ》に褥瘡《じょくそう》ができていた。

▼二〇一六年六月二七日

玉ちゃんは、上体を挙上《きょじょう》したベッドの上で薄眼を開けていた。話しかけるが焦点は合わない。ポカンと開いた口には、すでに歯は一本もなく、咳嗽《がいそう》とともに上がってくる白濁した痰が喉頭に見え隠れしていたが、苦しそうな表情はしていなかった。鼻にはカニューレが装着されており、酸素一リットルが流れている。

蛍光灯のついた部屋では、静寂に抗うようにラジオが流れていた。天気予報キャスターが、「明日はすっきりしない天気でしょう」と言った。雨の予報だった。何度か玉ちゃんに話し掛けたが、応答はない。

左手を握ると、少しむくんだ前腕に力が入る。ギュッと握り返す。

仲間が壁飾りをして出迎えた

「もういいです。疲れた」と、かぼそい声が聞こえてくる。

「もう帰ります。家に帰ります」

「ここが玉ちゃんのお部屋だよ」

「戻らないと……」

どこに帰るつもりだったのだろうか。パレスの部屋なのだろうか。

▼二〇一六年六月三〇日

いつも蛍光灯の眩しい明かりが灯る部屋に、今夜は白熱灯のオレンジのほの暗い明かりが部屋を包み込んでいた。改装工事の業者が玄関を行き来する。

その雰囲気が何かに似ていると思ったとき、ああ、次男を出産した助産所のほの暗さなのだと気づく。

母親がリラックスできるように、また赤ちゃんがお腹の中から少しずつ外界に慣れるために、煌々とした明かりは抑えられているのだ。そして、ズルリと出てきた赤ん坊には、らせん状の白濁した臍の緒がついており、青く見える血液がまだ拍動していたのを思い出す。その神秘的な光景と重ね合わせながら、人が逝くときもまた、ほのかな明かりが心地よいのかもしれないと思った。

「きぼうのいえ」の看護師である竜さんが玉ちゃんのためにCDをかけている。昭和の演歌、夏祭り。昨日から麻薬が、座薬から皮下持続点滴に代わっていた。

一昨日よりさらに枯れたように見える。ノートに、妹さんと「涙のお別れをした」と書いてある。そして、「熊本に戻った」と。CDをかけると歌ったそうだ。

▼二〇一六年七月一日

小見さんたちとマクドナルドで待ち合わせ。アスファルトからの熱気でだるい。

「本名なんて、長い付き合いだけど知らなかったよ。泪橋交差点の四角にあった店は全部なくなったね。『世界』（現在はセブン‐イレブン）で、玉におごってもらったこともあったなぁ」

部屋はクーラーが入っていて、ひんやりした冷気で汗が引く。

足先はチアノーゼで紫色となり、手も冷たい。半眼を開け、口は開いたままだった。

白壁いっぱいに貼られた写真。

「この人は、今、釜ケ崎にいる」、「この人は死んじゃった……」など、面会人が口々に言う。

「踊りはうまくても、カツラが似合うのと似合わない顔がある。玉はカツラが似合う顔だった。旅好きであちこち回って、酒も好きだった」と、古くからの仲間が口にした。

▼二〇一六年七月二日

仙骨部《せんこつぶ》の褥瘡《じょくそう》がひどくなり、皮膚全体が黒ずんできたように見える。

昨日は訪問入浴があり、お部屋で湯船につかれたそうだ。

▼二〇一六年七月三日

異常な熱気で息を吸い込むのも辛い、そんな一日だった。ようやく落ち着いてきた夜、娘の桂《かつら》と電車に乗る。じっとしていても吹き出す汗をぬぐう。

「お守り持った？」

「うん、大丈夫、バックのここに」

「きぼうのいえ」に到着。スタッフにフェルトでつくった紫色のお守りを見せると、「あら、御利益がありそう」と言って玉ちゃんの首にかけてくれた。

「エンマさま　この人はいい人です。なので、天国へお願いします」

これがお守りの中身で、天国行きの切符がついているらしい。

帰路に娘が、「死んだらどこに埋めてほしい？」と聞いてきた。

「お墓はいらない、散骨でいいかな。海にまくとか。あ、樹木葬。埋めた根元に木をうえてほしいな、もちろん桂の木ね」

「幽霊になったらさ、毎晩出てきてね。危ないよとか、教えてね。いつもいてね、桂のそばに」

「うん、いつもいるよ」

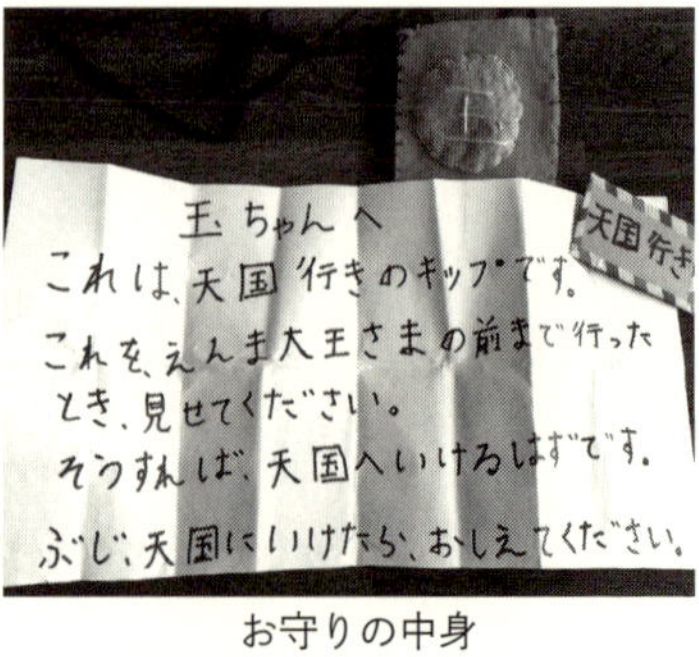

お守りの中身

「死んじゃうのは悲しいけど、いつもいるなら寂しくないか」

娘と手をつなぎながら歩く、ぼんやりとした月明かり。

▼二〇一六年七月五日

「きぼうのいえ」の前に、玉ちゃんの友人らがいた。

努力呼吸がはじまり、マスクで酸素5L、酸素飽和度九〇パーセントを切っている。四肢末梢《ししまっしょう》にチアノーゼ出現。喉のゴロゴロはないが、半眼を開け、開口している。発熱が三八度から三九度。頸部《けいぶ》、鼠径部《そけいぶ》、腋窩《えきか》（脇の下）にアイスノンが当てられ、クーリングをしている。

呼吸のたびに、薄いブルーのパジャマから窪んだ鎖骨が見え隠れする。脈拍一一〇以上で頻回な呼吸。皮膚の色が心なし白く見える。ややベッドアップした体勢。エアマットは入っているが、身体の下になる皮膚、踵は暗紫色に変色していた。荒い呼吸に思えるが、表情は決して苦しそうではない。

旧友から電話をもらい、駆けつけたという宇賀神さん（四七ページ参照）は、ベージュの帽子、紺色のポロシャツを着ていた。一人、玉ちゃんに話し掛けている。

裏通りのドヤに住む石やんが、「明日の朝、様子を見に来る

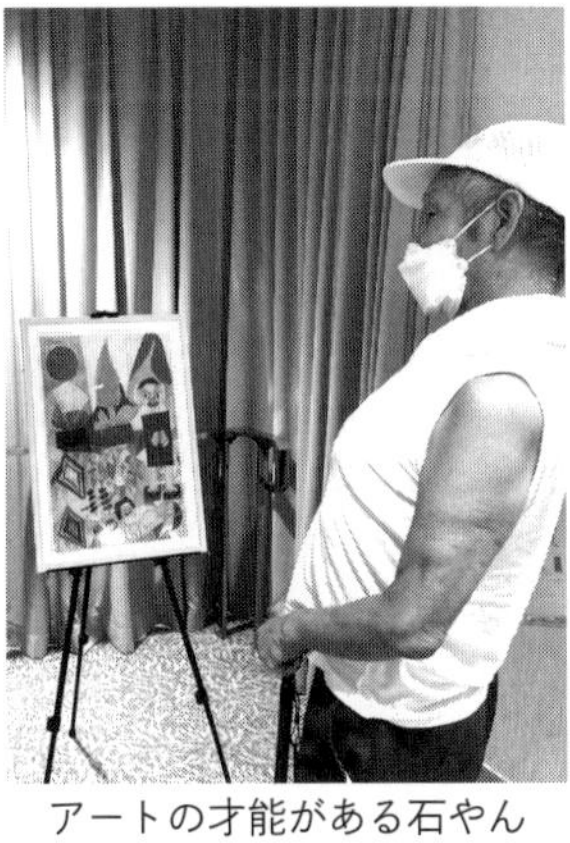
アートの才能がある石やん

よ」と言う。石やんは、玉三郎をとても慕い、「きぼうのいえ」に入所してからも足しげく通う仲間の一人だ。一八歳のときに彼は、働いていた印刷工場で指を切断してしまった。

▼二〇一八年七月六日

「ほしのいえ」（荒川区南千住）の中村訓子シスターに会う。中村シスターは山口県萩市出身で、三姉妹の長女。実家は有名な窯元で、父は名士だった。一九歳で上京し、修道院に入っている。一九九一年のバブル崩壊後、野宿者が増えたために山谷エリアで炊き出しや生活相談などを開始し、現在も市民団体「ほしのいえ」の代表として活動されている。

「よく頑張ってると思う。だから、もう頑張らなくてもいいよって。向こうに待ってる人は山ほどいるし、玉が行ったら『うるさい！』ってぐらい賑やかになるわね。行くと、ずっと手を握って、さすってるの。そうすると、手と手が重なりあって、赤くなったところがだんだん消えていくのよね」

手の所々に、小さな紫斑が見える。

元友愛会代表・中島儀一さん、中村シスター（中央）、山谷伝道所・瀧榮子牧師

旅芸人の記録

二〇一六年の七夕、看護師の竜さんがこう言った。

「玉さんは役者でしょ。だから、みんながいると頑張っちゃってなかなか逝かれないのかもしれない。最初はね、みんなに囲まれて最期を迎えるのかなって思ったの。でも、もしかしたらこの人は、幕を引いたその裏で、すーっと一人静かに舞台を降りるんじゃないかなって。玉さんらしい生き方、人生の幕の下ろし方。それは、玉さんが決めること。生きたいように、したいように、頑張っても、頑張らなくてもいい」

翌日の朝七時、電話が入った。すぐに、「玉ちゃん、逝っちゃったんだな」と思った。慌てて準備をし、私は南千住に向かった。部屋では、すでに体をきれいにする「エンゼルケア」が行われていた。石やんが洗濯してきたという、きれいな藍色の着物を着付け、腰に白くて長い帯が巻かれていく。

帯の上に両手を組もうとすると、ズルリと落ちた。その瞬間、ああ、動かないんだよなと思う。まっ直ぐに伸びた指先はさじ状

朝採りのアサガオを供えた

で、さぞ苦しい時間があったのだろうと想像してしまう。

唇にはピンク色の紅がさされた。写真を何度も見た看護師が、最後、「あ、分かった」と言い、目尻に黒を差した。上に上がり気味に描いたことで、顔がひきしまって見える。凛とした表情、口元はほほ笑んでいるようだ。

「おつかれさま」と声をかけられる玉三郎。帰り際、ケア後のスタッフが朝採りのアサガオを置いていった。咲いたら持ってきてほしい、とお願いをしていたという。

「いつもは閉じてるんだけど、今日は間に合ったの」

水を張ったコップに鮮やかなピンク色のアサガオが浮かび、唇の紅と重なる。仲間が訪室するなか、あれほど通い詰めていた石やんの姿が見えない。裏にあるドヤを見に行くが、どうしても見つからず、お帳場さんも心配顔で靴箱を開けてくれた。靴がない。外出しているようである。

アイスを食べながら自転車に乗っていた「専務」という愛称で呼ばれている知人が、「石やんはセンターにいたよ」と教えてくれた。専務が「呼びに行ってくるよ」と言ってくれたので、一人ドヤの前で待っていると、慌ててやって来た石やんが白いビニール袋を二つ下げ、「ちょっと待ってて」と言いながら部屋に戻った。

仕事に行くつもりだったが、お腹がモヤモヤ、いつもと違う感じ。胸に上がってきそうな気がして、仕事に行くのをやめたそうだ。あんパンを一つ食べ、センターの地下で休んでいたという。

「夜に寄ればよかった……」と悔やんでいる。それから石やんは、「玉さんが一人になっちまうと可哀そうだから」と言い、出棺まで寄り添っていた。

夕方、吉水住職がお経を唱えるなか、訃報を聞いた人たちがお焼香に訪れてきた。玉三郎と「仲良し四人組」だったという、森健さん、小澤修さん、ナベさん。数年前にナベさんが逝ったが、荼毘《だび》に付すところには立ち会えず、「つらかった」と二人はこぼしていた。

家族がそばにいない人たちにとって、仲間は大事な存在となる。家族以上に、切っても切れない仲となる。

メッセージを書く紙の配布があり、「『ありがとう』って、ひと言書いてくれよ」と小澤さんが言う。小澤さんは一〇代のときからトンネルやダムなどの隧道《ずいどう》工事をし、二〇代のころ、アメリカ領土から返還されたばかりの小笠原（父島、母島）に労働者として入っていたという。

小澤　小笠原には四回ぐらい行った。工事をやるための資材、セメントとかを運搬しないとけない。当時は何もないところだから、将来は観光でやっていくのが目的で。海はきれいで釣りもできたし、よかったよね。そのころは、学生運動やってた若いやつらもいてさ、いろいろ話を聞いたり、東大とか早稲田とか、あいつら頭いいから面白いんだよ。仕事はいくらでもあって、金になればどこでも行った。油田の仕事でサウジアラビアに行ったこともある。仕事は楽しかったよ。

中村シスターは、「手紙を書いてきたのよ」と言いながら、棺にそっと置いた。一人ひとり、棺の中に花を添え、声をかけていく。

吉水住職が、「白木の位牌になんとお名前をお書きしますか?」とみんなに問い掛けた。

「サナラミ（本名）って言われてもなあ……」

「ピンとこないよ」

「やっぱり玉三郎だな」

「『山谷玉三郎』でお願いします」

「では、そうしましょう」と話がまとまった。

一六時二〇分、黒光りした霊柩車が動き出す。出棺にあわせて、クラクションがドヤの並ぶ路地に鳴り響く。会葬者は、合掌と黙祷をして、通りを左折し、見えなくなるまで霊柩車を見つめていた。

看護師の竜さんは、夜中の一時から玉三郎のベッドサイドに寄り添っていたようだ。一人にしないよう、みんなの気持ちを汲み取りつつ、彼の気持ちも尊重して見守ってくれたのだろう。

一人で逝くことが寂しいことだとか、そんなことはないのではないか。たくさんの人が「きぼうのいえ」に通ったあの二週間、それぞれが玉三郎の「生」を見て、自分の気持ちに向きあったように思える。

人の死には二つの「死」がある。本人にとっての死と、周囲にとっての死。本人にとっての死は、その瞬間までの生き方であり、周囲にとっての死は、その人の死の前後にわたってある。我々は、他人の死から何かを感じ、自分の死を想像して、そのときまでどのように生きるのかと思いをめぐらす。「看取り」の深さについて考えさせられた、玉三郎の最期であった。

後日、小見憲さんから教えてもらった話がある。

「あれは昔、『旅芸人の記録』っていう映画があったの。みんなが感動したギリシャの作品で、いわゆるみんな左翼の旅芸人なわけ。で、右翼のやつに弾圧されてゲリラになって。重要な役の娘の弟がね、もう離れてゲリラになるんだけど、結果的に殺される。彼の棺が出てきたときに、組織で拍手するのよ、見送るときに。玉の葬儀でみんなが拍手したのは、それをまねてるの。玉は役者だったからね」

葬儀場に響きわたった拍手がよみがえる。

旅芸人「山谷の玉三郎」は、光照院にある合葬墓に眠っている。

花見で踊りを披露する玉三郎

ある路上生活者の話

二〇一九年、世間がバレンタインデーで浮き立つ様子を横目に、東向島のギャラリーで借りた赤い自転車に乗って出発する。「このあたりは空襲を受けなかったから、路地が入り組んでいるんだ」と、「山友会」の相談員である後藤勝さんが教えてくれた。

「山友会」とは、ホームレス状態にある人をはじめとして、生活困窮状態にある人への無料診療、生活相談・支援、炊き出しやアウトリーチなどの活動を行っているNPO法人である。カナダ・ケベック州生まれのジャン・ルボ氏が代表を務めており、無料診療所の前では、山谷の「おじさん」(同会では、親しみを込めてこう呼ぶ)とジャンさんがパイプ椅子に座り、談笑している姿をよく見かける。

同会立ちあげの一九八四年から無料診療所を支えてきた一人が本田徹医師だ。現在は福島県飯館村にある「いいたてク

左：本田先生
右：「山友会」の入口に立つ後藤勝さん
〒111-0022 東京都台東区清川 2-32-8
電話 03-3874-1269

リニック」の常勤医を務めながら、山友会クリニックへも月一回は出向き、ボランティアでの診察を続けている。

本田先生は、長年にわたって「ＮＧＯシェア（国際保健協力市民の会）」に属し、医療の行き届かない国や地域に出向いて医療活動を続けてきた。東日本大震災後は、拠点を福島に移し、いわき市や広野町の病院に勤務して被災地の医療に尽力し、二〇二〇年、飯舘村に移住した。村に暮らす唯一の医師として、外来患者だけでなく、車での訪問診療も行っている。

さて、後藤さんというのは、海外を中心にして活動してきたジャーナリストで、二〇一五年頃から山谷とかかわりはじめ、社会の問題を身近に感じたいと思い、山友会でスタッフとして働くようになった。つながりのできたおじさんたちにカメラを渡し、写真部を結成した。「山谷・アート・プロジェクト」として写真展を開催するなど、ユニークな活動を行っている。

▼ブルーテントのくじびきさん

コートの下にフリースを着込み、手袋をはめていたが、それでも冷気が襲ってくる。空は深い紺青色で、月明かりに照らされた雲は銀色に光って見えた。明治通り沿いをひたすら走るなか、何度もマフラーに首をうずめた。コンビニやファミレスが見えてくると、そこは白鬚橋である。隅田区側にはまだいくつかのブルーテントが点在しているが、台東区側は一掃されている。

歩道を走り、桜橋デッキを台東区側に進むと「リバーサイドスポーツセンター」がある。自転車で入るには段差が多いので、ペダルを漕ぐ足を止めて自転車を押すことにする。

「ここだよ」と、後藤さんが自転車を停めた先に、大きなテントが見える。スカイツリーが目の前で、最高にきれいに見える特等席だ。川面に月明かりが反射していた。

　台東区最後のブルーテントの住人「籤引久梅」さん（通称くじびきさん）は、一六年ほど隅田川沿いに暮らす路上生活者である。シートは一部が潰れかけており、中に人がいるようには見えない。テントの横には、白いプラスチックの椅子が投げられたような形でひっくり返っていた。フライパン、鍋が五〜六個と、空き缶が山積みにされており、どら焼きが二つ無造作に置かれていた。

　どこが玄関なのか迷っていると、後藤さんが慣れた様子で中をのぞき込んだ。その中央に、布団が敷いてあるのが見えた。左側に生活用品が並び、カセットコンロがある。おじやでもつくったのか、鍋に白い米飯らしきものがこびりついていた。懐中電灯の光だけでは全貌が分からないが、雑然とし

くじびきさんのテントからはスカイツリーが望める

た空間であることはまちがいない。

　黒く盛りあがった布団の上を、後藤さんが軽く叩きながら声をかけた。すると、その黒いふくらみが動く。ニット帽をかぶった、髭に覆われた七〇代と思われる男性が布団から顔を出した。

「大丈夫？」と、後藤さんが声をかける。

「大丈夫かって、そんなの分かんねえよ」

「痛いところはあちこちある」と言いながら、石油ストーブを点火する。一合のカップ酒と、プラスチックの容器（一升）に水が用意されており、足元には脱ぎ捨てられた洋服が雑然としていた。

　山谷で訪問看護師をしている私は、「体調が悪化していたくじびきさんの様子を見てほしい、入院を説得してほしい」と後藤さんに頼まれ、この夜、ついてきたのである。

　元々血圧が高く、薬を飲んでいたが、今は血圧の薬は飲んでいない。右側の腰背部《ようはいぶ》が痛いとのこと。「一度受診してみては」とすすめるが、「途中で倒れてどこか知らない場所に

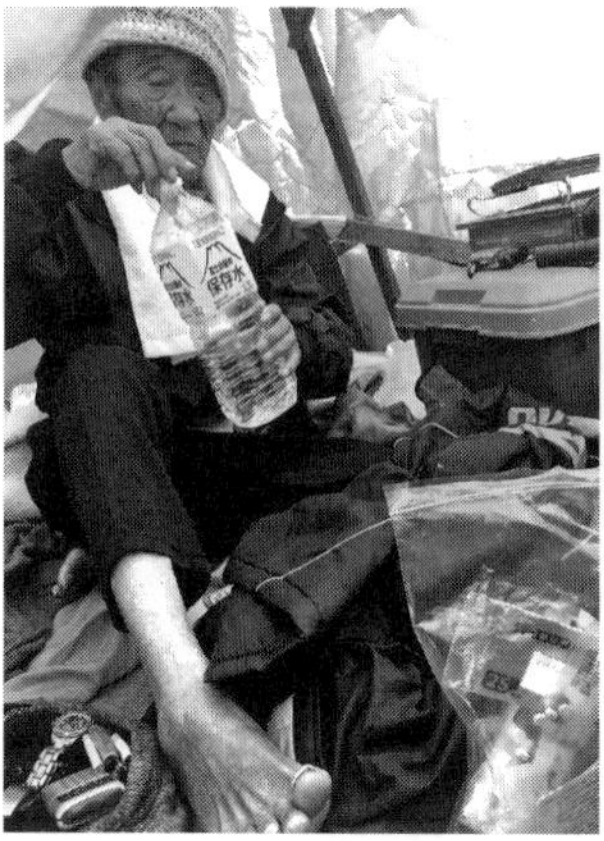

左：くじびきさん（2019年5月）
右：テントの中（撮影：後藤勝）

運ばれたら、この家は撤去されてしまう。戻れないかもしれない」という返事。そして、「住み慣れた我が家を離れたくない」と言った。

それなら、「まずは受診をし、必要な薬をもらったらどうか。この生活を続けたいのならなおさら」と話すと、くじびきさんは「そうだよなあ……」と納得した。

そして、一冊のアルバムを出してきた。そこには、今より若いくじびきさんが写っていた。雨で濡れてしまった写真を見つめ、身の上話をはじめた。

青森県弘前市の出身で、姉と兄がいたこと、「ハッピー」という白い犬をかわいがっていたこと、猫も三匹飼っていて、「しろべえ」は黒いぶちのある白猫だったこと、釣りをしては釣った魚を干し、猫のエサにしていたこと、そしてメリヤスや編み物の仕事をしていて、「器用だったんだよ」とも言っていた。

後日、動けなくなったくじびきさんは、支援の人たちに連れられて病院へ向かった。「胆のうがん」の診断を受け、一時ドヤに入るも、再び隅田川沿いのブルーテントへ戻っていった。

二〇一九年五月、地下街を歩くと、湿度の高いムンとした空気とともに出汁の香りが鼻をついた。三人のお客が立ち食いそば屋でそばをすすっている。階段を上り、地上に出ると光が眩しく、思わず目を細めた。

ツアー客でごった返す地下鉄の浅草駅を出て、横断歩道を渡り、派出所の横を通ると「アサヒビール」の泡のモニュメントが見えてくる。隅田川に反射する五月の紫外線は強く、ジリジリという音が聞こえるようで、日陰を探す。

右手にスカイツリー、デッキテラスを歩いていくと見えてくるブルーテント。ジョギングをする人が通りすぎる。近くのベンチには、日焼けをするためだろう、サンオイルを塗っている上半身裸の男性が寝転がっていた。

くじびきさんのテントは、どのように見ても、誰かが夜中に来て、こっそりと不要なものを廃棄していったとしか思えないような状態であった。中に人がいると分かったら、通行人はさぞ驚愕することだろう。

テントから、かすかに音楽が漏れてくる。どうやら在室しているようだ。実際、くじびきさんはラジオを聴いていた。

入り口には、潰した空き缶がゴミ袋に溜まった状態で散らばっている。通路とは反対側に回ると顔が見える。白いプラスチック製の椅子が妙な存在感をかもし出す。ニット帽に黒ジャージ、黒いジャンパーを羽織っている。以前よりも痩せている。裸足の足は汚れているが、爪はそれほど伸びていない。むくみも、どうやら見られない。

「薬は飲んでいるよ」と、ジッパーに入った袋を出してくる。首元を触ると熱く、発熱しているようだったが、「解熱剤は二錠飲んだ」とコカール錠を指差した。

「寒気はないよ、でも、朝晩は冷えるんだ。痛いのはよくなってるけど、だるくて……」

そう言うと、座って水を飲み、タバコを吸い、また横になっている。

「ちょっとトイレ」と立ち上がろうとするが、テントの支柱は細い角材で一部が折れている。つかんでテントは崩壊するのでは、と心配になった。

しかし、くじびきさんは立ち上がれなかった。力が入らない様子で、諦めたように「間に合わないから」と、テントの中で用を足した。

八〇ミリリットルほどの濃縮尿が溜まったワンカップの行く末が気になり、「捨てに行ってくるよ」と声をかけるが、「いや大丈夫」と言いながら、足元のわずかな隙間に向かって投げ捨てた。そこは、私が歩いてきた通路であった。

排尿をして、すっきりしたくじびきさんは、重たそうにビニール袋をズルズルと引き上げ、ドスンと目の前に置いた。その中から五〇〇円玉を探しあてると、「ちょっと悪いけどよ、『わかば』買ってきてくれねえか」と言う。

入院中は吸えないタバコを、「ここでは吸える」と言って嬉しそうだ。

ちなみに、紙巻きタバコの「わかば」は、かつて旧三級品として扱われていたため、ほかのタバコに比べると安価であった。そのため、山谷のおじさんには人気の高い商品であったが、旧三級品特別たばこ税率が撤廃されたのを受け、二〇一九年一〇月、惜しまれながら販売終了となっている。

くじびきさんは、ゴールデンウイーク中に病院を勝手に出てしまった。自分から戻ったにもかかわらず、シレっとした様子で、

「病院から『退院ですよ』って言われたから、仕方ないからテントに戻ってきた。本当は病院にいたかったけど、仕方がない。こんなとこ（テント）いたいわけじゃないよ。でも、ほかに行くとこもねえだろう」
と言った。

以前、ドヤにいたこともあったが、環境が合わずにテントに戻ってしまったという経緯がある。いつぞやか、ドヤでくさやを焼いたところ、隣りの住人が激怒したという。

「ドヤは怖いやつがいっぱいいるんだ。あんなとこいられねえよ。本当はアパートに行きたい、個室がいい」

本人には、以前より動けなくなってきた自覚はあるようだ。病院から歩いて帰ってきた数日前よりも、格段に日常生活における動作は落ちていた。病院に行くしかない状況であるが、いかんせん本人にその気がない。入院しても、ドヤに入っても、動けるようになればテントへ戻ってしまう。もう仕方がないと諦めるしかないのではないか、とも思えてくる。人間は忘れっぽい。忘却できるから生きていけている。すべて覚えていたら耐えられない。だから、忘

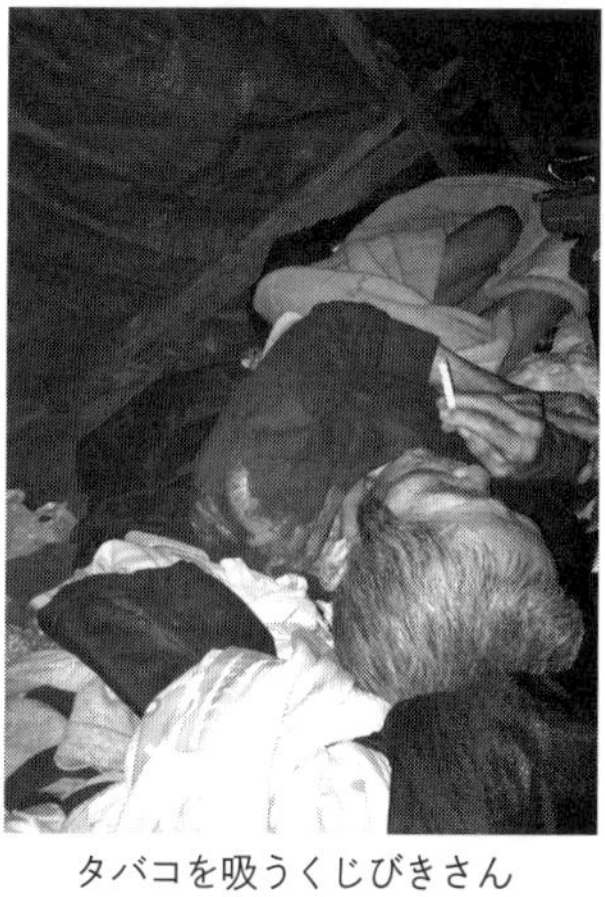

タバコを吸うくじびきさん

れることは神様がお情けで与えてくれた能力でもある。その都度、その状況で考えるしかない。

後日、観光客が一段と増えた週末の浅草へ向かう。川から吹く風にあおられ、水上バスの青い旗がパタパタと音をならしながら揺れている。

仰臥位《ぎょうがい》の状態から動けなくなったくじびきさんは、時折、顔をしかめている。一段と焦げた顔は焼きすぎたトーストみたいな色になり、眉間に皺がよっている。この三日で衰弱しているのが分かった。トイレにも行けず、後ろ前が逆向きになった白いリハビリパンツは薄汚れ、毛羽立っている。ヨーグルトのついた口元は白くなっており、拭うのも面倒くさいようである。肌は湿潤《しつじゅん》し、微熱があるように感じられた。

横向きになろうとするが、痛みで顔をしかめ、諦める。そして、自分の右腕を挙上させ、「細くなったなあ……もうダメだなあ」とつぶやいたあと、「もう生きてるのが嫌になってきたよ」と吐き捨てた。そして、「あっちにいる仲間が差し入れしてくれたんだよ」と言いながら、左手にあったビニール袋に顔を向けた。ひとかけらだけ残ったサンドイッチの容器が置いてあった。

「おい、ライター持ってねえか?」

「タバコ吸わないから」と答えると、じゃあ用はないという表情で「そうか」と言って目をつむった。

同じく、差し入れしてもらったというプラスチック容器のワンカップは、三分の一ほど減っている。

「朝晩は寒いから」と、テントの隙間をぴったりと閉め、白いビニール紐でくくりつけた。

二〇一九年五月二一日、都内は台風のような大雨だった。通い妻のようになった後藤さんは、「死ぬか生きるかの事態だ」と思ってテントに向かったという。強風でバタバタ音を立てるブルーシート、テント内は雨でぐっしょりだったようだ。濡れそぼった毛布や洋服を片づけ、ビニールをかけるなどして何とか寝床をつくり、毛布をかけた。

「こうなったら、最期まで見届けないとね」と話す後藤さん。支援者ができることは、かかわったからには、できる範囲でつながり続けることだと思う。

翌日、大雨が嘘のように晴れ渡り、スカイツリーに薄らうろこ雲がかかっていた。くじびきさんのテントは倒壊せずに建っていたが、少しだけ傾いたようにも見える。

「もう寒くて、まいったよ、ブルブル震えちゃってさ」

毛布の色が、ピンク色からオレンジ色に変わっていた。光沢のあるグレーの上着を頭までかぶり、時折、顔をのぞかせる。痩せたせいか、白眼がギョロッとして見え、この二日でずいぶん歳をとったように思えた。テント内には、濡れた洋服が垂れ下がっていた。そして、ブルーテントの天井部に小さな穴が空いていた。

ボロぞうきんのような状態で横たわるその人の目には、どのような空が映っているのだろうか。

五月二三日、日中は二八度と夏日。気温は上がったものの、夕方になると心地よい風が吹く。くじびきさんは、青い敷き布団の上でくの字になり、話し掛けても振り向こうとはしなかった。乱雑にものが投げ捨てられ、身体であらゆるものを踏みつけて横になっていたのに、今はすっきりとして殺風景である。どうやら「刈り込み」が入り、支援の人たちがテント内をきれいに整えていったようだ。「刈り込み」とは、二か月に一回行われる行政による撤去のことである。事前に行政から通達があり、当日は、別の場所へテントを移動させる必要がある。

朝までの食料と飲み物、そして持ち物が頭側にまとめられ、空き缶もなく、着替えらしきものも見当たらない。

「明日一〇時に病院だよ、救急車で。浅草病院だろ」と、どこか投げやりな態度だった。動けなくなったくじびきさんは、とうとう観念し、拒否し続けた入院を受け入れた。これまでにない疲労した様子が見てとれ、入院が決まってほっとしているというより、今まで守り続けてきたものを捨て去り、「抜け殻」みたいになっていた。

「もうダメかもしれねえなあ」と、吐き捨てた。

くじびきさんから、しぶとくて、逞しい生気みたいなものが消えたように感じられた。

おそらく、彼がこのテントに戻ってくる日はないだろう。対岸の墨田区側には、立派なブルーシートテントが六軒ほど見える。隅田川に捨てられたのか、ブリキのバケツがユラユラと流れていった。

駅へ向かう帰り道、交差点で、台車に載せた空き缶や段ボールを押すおじさんの後ろ姿を見つけた。

自力での体動が困難になるまでテント生活をしたくじびきさんは、台東区内の病院に搬送され、入院となった。病室のベッドでは、掛布団を頭までかぶり、丸くなっているその姿は、周囲を拒絶するような頑なさがうかがえた。

▼ゆるやかなつながり

その後、茨城県取手市の病院へと転院。当初は、倦怠感の訴えがあったものの、まだ自分で動けており、ベッドに座り、食事も摂れていたそうだ。

「この病院から隅田はどのぐらいか？　どうやって行ったらいいのか？」といった質問を頻繁にしていたという。どうにかして出ていこうと考えていたのか、ベッドの下に落ちていることが度々あり、やむを得ず体幹ベルトが使用され、一時、抑制されていたそうだ。

七月二五日に面会に行くと、くじびきさんは三階の個室で過ごしていた。訪室したときには布団をすっぽりかぶって寝ていたものの、声をかけるとすぐに覚醒。

「何となく顔は覚えてる」と、私が持参したりんごジュースを受け取り、数口飲んだ。活気は今一つだったが、拒否することはなく、前の病院のときに比べたらずいぶんと穏やかな表情をしていた。

「手も足もあっちこっち、夜になると引っ張られて。何もできなくて本当にきつかった……」とこぼし、「昔、職人をしていた両国に行きたい」と言った。

「顔見知りがいる場所に戻りたいの？」と尋ねると、

「そりゃまあねえ、帰ればみんな知ってるしね」と言いながら頷いていた。

病棟の看護師から次のような説明があった。

「腹水貯留、おそらく胸水もたまっていると思う。顕著な黄疸は出ていないが、状態は徐々に落ちてきている印象。最近、会話も不明瞭なことがある。ここ数日で動けなくなってきたため、本日よりベルトを外して様子を観察中。また、食事量にはムラがある」

ベッドアップが続くとお腹が苦しくなるようで、「横にしてほしい。話すと疲れちゃう」とも言った。最後に「何か欲しいものある？」と聞くと、「鰹節が欲しい、猫が二匹いるから」と言い、昔飼っていた猫と一緒に過ごしているつもりのようであった。

病院側としては、最長で三か月が入院期限となっている。それ以上になると転院となるため、今後のことを考えて早めに対応していきたい。今後の療養を考え、必要があれば介護保険の申請をするという話があるほか、山谷に戻ってくるという話も出ていた矢先、くじびきさんの容体が悪化。死期が近いという連絡をもらい、すぐに病院へ駆けつけた後藤さんは、くじびきさんを看取った。そして、葬儀車で運ばれていくのを、病棟の看護師さんと二人で見送ったという。

その後、くじびきさんは住み慣れた台東区に戻ってきた。しばらくの間お骨を「山友会」が引き取り、玉三郎と同じく光照院に納められた。

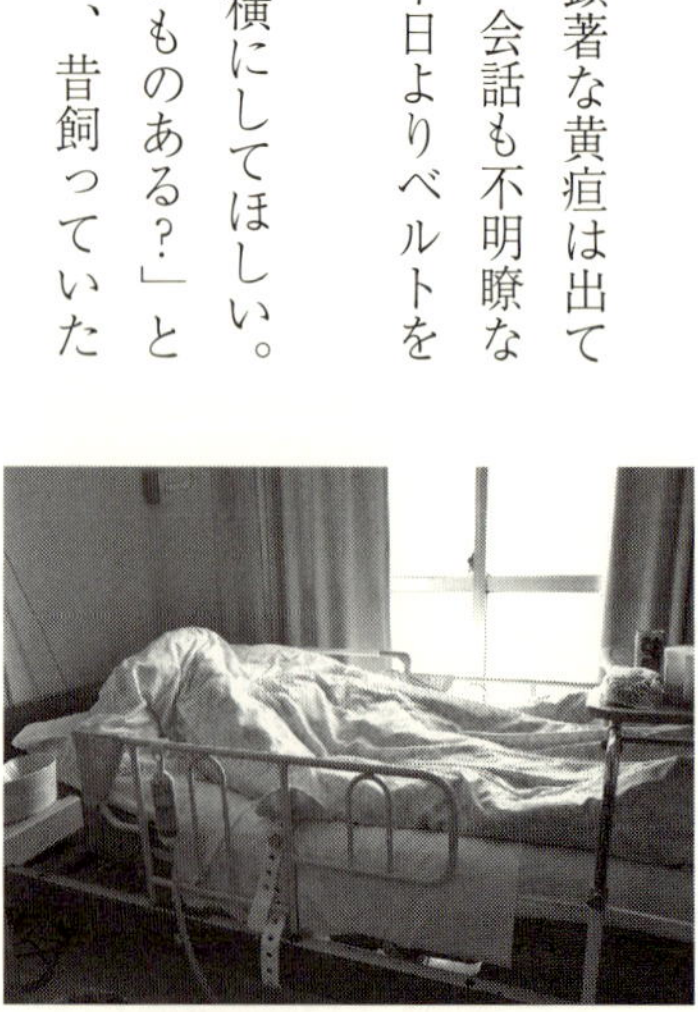

入院中のくじびきさん

光照院にある「あさくさ山谷光潤観音菩薩」は、菩提樹の実と十字架が連なった首飾りをつけ、左の手掌を柔らかく丸めた状態で参拝者に向けている観音像である。仏教、キリスト教といった信仰の隔たりをつくらず、すべてを受け止めるこの像は、吉水住職の「宗教や宗派に関係なく、誰もが手を合わせることができる対象がほしい」という考えから設けられた。観音像に「山谷」の名を刻んでいるほか、跡継ぎがいない檀家からの声もあり、「みんなの墓」とも言える合葬墓も整備している。

身寄りがなく縁を絶たれてしまった者同士が新たにつくるつながり。それは、家族とはまた違う、ゆるやかなつながりであり、山谷だからこそ築ける新しいスタイルのように思える。

「死んだあとのことなんてどうでもいいよ」という意見がある一方、「死んだらここに入れると思うだけで安心する」という人もいる。

前述したように、光照院には、合葬墓のほか、山友会、

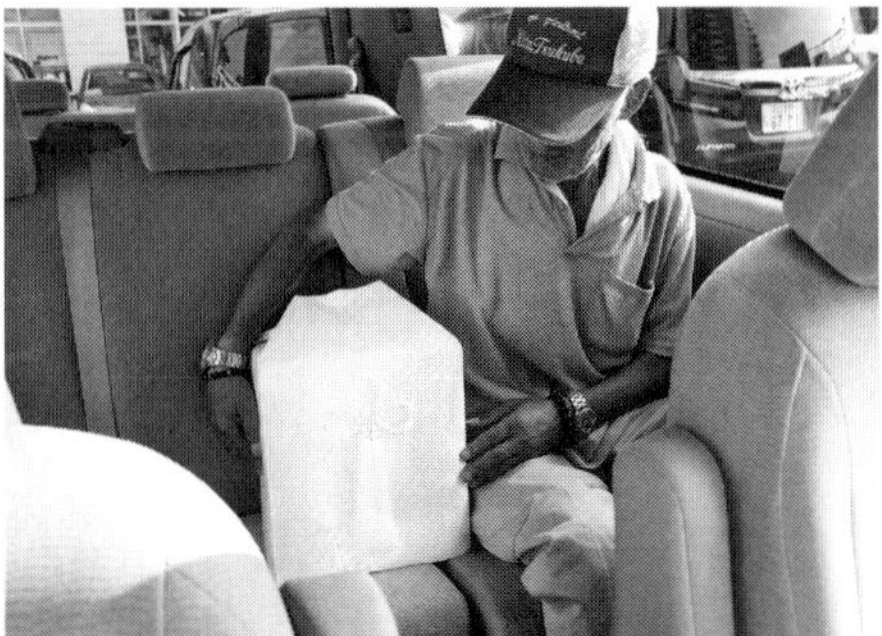

左：光照院にある「あさくさ山谷光潤観音菩薩」
右：山友会の仲間がお迎えに
（撮影：後藤勝）

コスモス、ふるさとの会といった山谷地区で活動する各NPO団体の墓が建立されており、看取った後、無縁仏となってしまう人たちを合祀している。

「俺が死んだら、玉さんたちが向こうで待ってるからな」と言って手を合わせていた石やん（一五五ページ参照）の言葉どおり、血縁にこだわらず、仲間とともに生き、お墓に来ればまた会えるという安心感は想像以上に深く、いずれ自らに訪れる死を受け入れ、多少なりとも恐怖心を和らげてくれるものになっているのだろう。

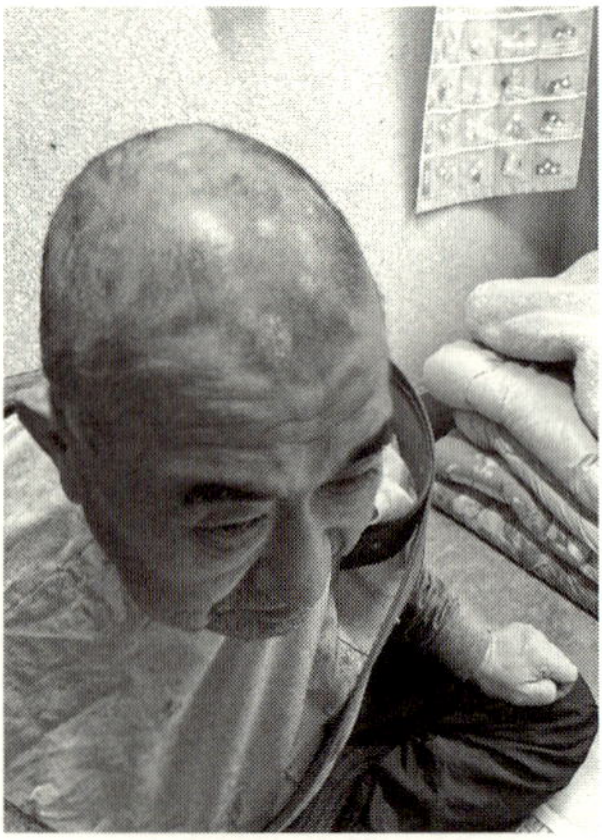

国分さん

ドヤ街の路地を千鳥足で陽気に歩き、酒が抜けると「ダメだなあ」と後悔を口にしていた国分さんは新潟県の出身で、坊主頭がトレードマークの愛嬌のあるおじさんだった。コロナ禍に入院し、頚椎のオペ後に突然逝去した。享年六五歳。

お別れのため瑞江斎場（江戸川区）に向かったものの、職員からは「感染防止の観点から、斎場のルールでご遺体とは面会できない」と言われ、「ひと目、お顔だけでも」と食い下がったが却下された。その姿を不憫に思ったのだろう。葬儀屋さんがこっそりと駐車場に案内してくれ、ストレッチャーに載った棺の蓋をわずかに開け、拝ませてくれた。

あまり痩せておらず、穏やかな表情を見て、悲嘆の気持ちを収めることができた。入院前、最後の訪問で散髪した際、「頭に湿疹ができているから先生に報告するね」と言って撮影した一枚が遺影となった。

家族との関係が切れており、コスモスの墓へ入ることになった国分さん。瑞江斎場から引き取ったお骨を抱えてタクシーに乗り、膝の上に乗せる。骨壺を納めた木箱はずしりと重く、しばらくすると、焼かれたばかりのお骨からジワジワと熱が伝わってきた。体温を感じる身体はもう存在しないのに、「まだここにいるぞ」と主張しているような感じがした。

二〇二三年八月、玉姫公園では「『山谷』地域ケア連携をすすめる会」が主催した合同慰霊祭が行われた。コロナ禍で、きちんとしたお弔いをする機会を逸していたことから、宗教や支援団体の枠を超えて多くの人が集まり、故人を偲んだ。

玉姫公園は国分さんにとっても馴染の場所で、焦げ付くような炎暑のなか、膝上で感じた重みと熱を思い出す。こうして、時々でも誰かを想い、忘れないこと。どこかでつながりを感じる瞬間が、孤独からの救いになると信じたい。

第5章

寄せ場・抵抗の流儀

リサイクルショップ あうん
（〒116-0014 東京都荒川区東日暮里 1-36-10　電話 03-5604-0873）

玉姫公園で逝ったササキ君

献花には、白や淡い色がふさわしいのだと思いつつ、一番気に入った、鮮やかなピンク色のガーベラを選んだ。花屋の店員さんに「贈りものですか?」と聞かれ、うなずくでもなく曖昧な表情を浮かべているうちに、こぶりでかわいらしいブーケに仕上げてくれた。

その日に催されていた「偲ぶ会」へ行きそびれたことに後ろめたさを抱きつつ、客のまばらな車両に乗り込んで南千住に向かう。風はやみ、じっとりとした汗がにじんでくる。

「ササキ君、玉姫でクビを吊ったらしい。詳しいことはまだ分からない。でも、彼だってことはまちがいないみたい……」

二〇一四年五月一九日、ササキ君が死んだ。享年、四三歳。

山谷の運動に顔を出しはじめたのが、二〇一〇年から二〇一一年にわたる「越冬闘争」だったという。ササキ君について知っていることなんて、実はほとんどない。私と同世代の彼が寄せ場での生活にこだわり続けて生きていたこと、かつて山谷にいた活動家・映画監督の山岡強一（七七ページ参照）と同郷で、その存在を尊敬していたこと、そして、私がつくった写真集（『山谷への回廊』）を二冊も買ってくれたこと、これぐらいである。

電話口から聞こえてきた、ササキ君の朴訥《ぼくとつ》とした声がよみがえる。

「いいですよ、僕、もう一冊欲しいと思っていたから……コーヒーこぼしちゃったんです。大切な本だから、また買おうと思ってたんです」

こちらの不手際で同じ写真集を二冊発送してしまったことを伝えると、怒るでもなく、「ちょうどよかった」と言いながら静かに笑った。

一冊二五〇〇円する写真集は、当時の彼にとって決して安くはない買い物であっただろう。「日雇い」という仕事にこだわり続け、何の保証もない生活を送るという選択が自らのアイデンティティを支えていたとしても、実際の生活は楽ではなかったはずだ。それを思い出すと、今さらながら、こみあげてくるものがある。

――必要とする人が、この本を手にしてくれたらいい。

義理で一〇〇人の人が買ってくれるよりも、心から欲しいと思ってくれる一人のために写真集を編んだ。だから、ササキ君が言う「大切な本だから」という言葉は、つくり手にとってはこのうえのない褒め言葉となる。

しばらくして、本人に会う機会があった。恐縮しながら挨拶をすると、

玉姫公園

南千住駅近くの歩道から見る夜の山谷

ササキ君は、はにかんだような照れ笑いを浮かべた。実際の彼は、温和な声と同じく、年齢よりもはるかに若く見え、律儀な性格がうかがえるという繊細な印象を私に与えた。そんな彼の姿を、時折「寄せ場」に足を運んだときに見かけた。

高架下を走る線路を、フェンス越しに眺める。白熱灯特有の赤みを帯びた光に照らされた車両は、月も星もない曇天のなかで幻想的に見えた。夜の山谷を一人で歩くのは久しぶりで、いつものようにコンビニを通り過ぎ、大通りから路地に入る。呑み屋の路上では、数人の客が暑さとアルコールでのびていた。湿気を帯びた空気が路地に充満している。

ササキ君は、あの日、どのような気持ちでドヤを出発し、公園にたどりついたのだろう。現場となったトイレを前にして思う。自らの首を締める紐を、その手で用意したというのか……。

私は、自らの闇に落ちてしまうことがたまにある。それは、時々、発作のようにやって来る。体の内側から哀しみが湧き出してくると、もがいても、もがいても深みにはまってしまう。おそらく、それが行き過ぎると、やむにやまれずその苦しみから逃れるために「死」が一つの救いになってしまうような気がする。ササキ君も、自分の闇に落ちてしまったのだろうか。ただ、それぞれが抱えている闇の深さなんて、誰にも、いや本人にすら分からない。

いつも笑いながら、「隅田川は汚いから、どうせだったら沖縄なんかのきれいな海で死にたい」と話していたAさんは、冗談のように、「いつ、どこで死のうかといつも考えている」と話していた。

「そんなこと言って……」と軽く受け流していたが、ある日、突然「ソレ」を決行した。前日、あん

なにも笑い、出掛ける約束までしていたのに……。

部屋に残された内館牧子の小説『すぐ死ぬんだから』（講談社、二〇一八年）を手にしたとき、いっ

たいAさんの何を見ていたんだろうと思ってしまった。

しばらくの間ぶらぶらと散策し、「玉姫公園」と書かれた、ともあれば見過ごしてしまいそうな小さな看板の足元にブーケを供えた。繁茂した草に埋れてしまいそうだったが、鮮やかなピンクがポッとそこに光を灯したようで、わずかだが明るい心持ちになる。ベンチで深い眠りに就いている人を起こさぬようにして、手を合わせた。

道路の真ん中で寝そべっていた猫が、私を警戒しているのに気づいた。一歩近づくと、おいそれと逃げていく。

オレンジ色の光が注ぐドヤ街。見回しても、怖いほど誰もいなかった。「寄せ場」という言葉自体が、今や郷愁をかき立てる言葉になりつつある。かつてはあふれ返るほどいた労働者の姿を、ササキ君はひたすらに追い求めていたのだろうか。差別や偏見が渦巻く場所で日々を重ねながら、底辺から見える世界には「矛盾」という言葉だけが目についたのかもしれない。そんな矛盾への怒りが生きる原動力となり、その一方で、募りゆく焦りに自らをすり減らしていった。

後日、ピンクのガーベラには「記憶をよみがえらせる」という花言葉があること知った。痛みとと

もに沈殿する記憶は、忘れたくても消し去ることができない。

ササキ君の話をすると、「企業組合あうん」の中村光男さんが、改装された倉庫の二階で大きなため息をついた。グレーの作業着にブルーのキャップを目深にかぶり、メガネをかけた中村さんは背が高く、中年太りとは無縁というスラっとした体型をしている。

中村光男さん

ある日、山梨県の警察署から「あうん」へ、ササキ君が「自殺未遂を起こした」という連絡が入った。深いかかわりがあったわけではないが、中村さんの名刺を持っていたことがきっかけだった。

中村さんは仕事を切りあげ、慌てて車を飛ばし、山梨まで彼を迎えに行ったという。口を閉ざしてしまったササキ君からは詳しいことを聞けなかったが、その夜はとにかくドヤまで送り届け、その後、何度か部屋を訪問するなどして彼の様子を見守っていた。

「当時、彼が『いつどこで死のうか考えている』なんて切迫した思いを抱えてるとは気づきもしなかった。自殺未遂の後、医療機関にすぐつなぎ入院できていればよかったのかもしれない。自分が一歩踏み出せなかったのはなぜか、今でも後悔している」

「これまでの人生でいくつかの後悔があるとしたら、この出来事は今でも引っ掛かっている一つだ」

と言いながら、中村さんはやり場のない沈んだ表情をした。

山谷に入ったきっかけ

一九八〇年、獄中者運動に携わっていた中村さんは、支援した一人に連れられて、初めて山谷に足を運んだという。

中村　当時、獄中者組合というのがあって、刑務所の中に入っている人や出獄した人の応援をやっていた。出獄しても、アパートは貸してもらえないし、住む場所っていうのはなかなか見つからないんだよ。あるとき、支援してた人が出獄して、いつものように、さあどこに住もうかって頭を悩ませていたの。そしたら、本人が「山谷ってとこがあるんだ」と言った。その彼に連れていってもらったのが、山谷に入った最初のきっかけ。

そして、支援者とともにアパート探しで不動産屋を回ったが、そこにあった看板に心底驚いたという。そこには、「第三国人お断り」、「同和お断り」、「山谷お断り」といった、目を疑うような内容が掲げられていた。

中村　それ自体が地域社会のありようで、アパートへの入居は難しい。でも、山谷にはドヤがある。出獄して、身分証も何にもない。でも、山谷なら一泊いくらで泊めてもらえる。当時はまだドヤが一〇〇軒以上もあって、ドヤ住まいの人が一万人以上いた時代だから、それなりに外から来ても泊まることができた。

無事に部屋が見つかり会いに行くと、夕方から路上で酒を呑み、道路で火を焚く労働者たちの姿がある。そのような光景を目にした中村さんは心を動かされたという。

中村　とにかく、すごい場所だなって。元々、気持ちは労働運動をやりたいっていうのを若いころから思っていたから、これは日本の、私が聞き知ってきた労働世界とどういうつながり方をしてるんだって思った。そういうのが大きく、衝撃の一つだよね。その後、現地にはいろいろな労働者団体があることを知った。

なかでも、労働性を生かした活動を行っていた山谷争議団を評価し、かかわるようになった。そして、直接の関係は一九八四年、佐藤満夫監督（六九ページ参照）が殺されたことであった。実は、その前に、佐藤本人から中村さんに電話があったのだという。

中村　「映画を撮りたいので、監獄の歴史、監獄と寄せ場の関係の話を聞かせてほしい」って頼まれて。「いつか会いましょう」って約束をしてたんだけど、「殺された」という連絡が入った。ともかく、「応援に来てくれ」と争議団から言われ、向かったらすぐその場で捕まっちゃって。

こう言って、中村さんはにこやかに笑った。

当時、「池尾荘」に事務所のあった山谷争議団へ向かったのは、佐藤が殺された翌日である。暴動が起こりかねない状態で、すでに機動隊に包囲されており、着いた矢先、一網打尽で捕まえられた。とんだとばっちりである。

中村　事務所に集まってた人たち、センター前に竹竿集めてた人たち、三〇人以上がパクられた。そのうち何人かが起訴されるんだけど、何もやってないのに、なぜか自分もその一人になってしまった。

池尾荘通り（撮影：南條直子）

しかし、同じ事件の被告になったことで山谷争議団の関係者との交流がはじまる。山谷の労働者が来てくれたり、差し入れをしてくれるなど、東京拘置所が山谷との関係を深めるきっかけになったという。

一九八五年、山谷の玉三郎（第4章参照）が労働者仲間を一〇人ほど引き連れて大衆酒場「大利根」へやって来たことがある。玉三郎はよく、インテリ学生や活動家らにわざと悪態をつき、試すようなことがあった。このときも、中村さんに対してこう言い放った。

「山谷に来たくて来た労働者なんて一人もいないんだよ！　おまえら活動家は好きで来たんだろう。何かあれば帰れるところがある。何がやりたいんだ？　何ができるんだ？」

それに対して、中村さんはこう答えた。

「山谷に来たばっかりだから、何ができるのか、何がやりたいのかも今は分からない。それでも山谷に骨を埋めることくらいはできると思う」

玉三郎の挑発にのった返しの言葉とはいえ、ここには一生かけても解決できない問題があり、一生をかけるぐらいのものがあると、最初から思っていたという。

中村　山谷玉三郎と初めて出会った瞬間は、今でも鮮明に覚えている。こんなストレートでまっとうなことを言う労働者もいるんだと思ったのが第一印象で、一九八〇年代の山谷闘争を一緒に闘ったこと、山谷労働者福祉会館の建設、玉姫公園での越冬闘争、そして玉さんの誘いで半年近く夜勤仕事をしたこと。また、あうん創世期に玉さんが加わり、あうんの土台を一緒につくってきたこと。玉さんが山谷で息を引き取るまで、三〇年以上も付き合うことになるとは当時、夢にも思っていなかった。

一九八〇年代、潰されつつあった労働運動のなかでも、社会的にメッセージ性をもち、声を上げていたのが「三里塚」と「山谷」であった。

中村　中曽根、サッチャー、レーガン、あの時代から世界はグローバル化に進んでいったんだな。そういう時代のなかで山谷の闘いがあった。日米の経済関係をバックにして、東京の再開発問題っていうのが大きくもちあがっていく。そこに、暴力団がビビッドに反応して出てきた。

その顛末が第2章で紹介した映画『やられたらやりかえせ』であり、第3章で紹介した南條直子が生きていた世界である。

山谷労働者福祉会館

「いろは会商店街」の入り口に建つ「山谷労働者福祉会館」の建設にも、中村さんは深くかかわっている。一九八九年から施工がはじまることになっていたが、当初はいくら探しても建設を請け負ってくれる業者が見つからなかったという。その理由は「山谷のなかではできない」というものであった。現在では想像もできないが、山谷という場所は気軽に出入りできるような雰囲気はなく、タクシーの運転手でさえ、「山谷には入りたくない、勘弁してくれ」と言っていたようなところである。業者に断られたため、全国からカンパを集めて働く人を募集し、施主施工すべてを自分たちで行うことになった。

中村　素人同然の私にとって、施主施工なんてどうやるんだと驚くばかりだった。工程がものすごくたくさんあるから、いろんな技術者が必要だった。設計は無料でやってくれる人が出て、本当にありがたかったよね。さらに、名古屋、釜ヶ崎、北九州、「俺は鉄筋ができるから」とか言う、得意分野を生かした人が全国から集まってきた。

中村さん自身は、ドヤに泊まり込みながら、昼間は賃金の出ない会館建設を手伝い、生活費は夜勤に出掛けて稼ぐという日々を続けていった。

水色と紺のタイル地の壁に、土偶のような「顔」の像が取り付けてあることが特徴となっている建物だが、それは実際にいた「野宿者たちの顔」がモデルとなっている。女性の造形作家が現場に通い続け、路上に座り込みデッサンを描いたもので、淡路島の瓦屋さんが、好意で生瓦を提供してくれたのだという。

中村　送られてきた生瓦に多くの支援者たちの手で文字や絵を彫り、淡路島へ送り返す。そして焼かれた瓦が再び山谷に送られてくる。こんな手間のかかることを引き受けてくれたことに心底驚いたし、実際に取りつけられた時は感激だった。

ちょうどバブル時代で仕事もあり、景気がよかったことも重なって、施工から丸一年をかけて会館は完成した。

中村　みんなで造りあげるってこういうことなんだ、と会館建設で学んだ。なかなかできることじゃないし、面白かった。

いろいろな立場の人たちが集い、一つの目標に向かって力を合わせる。一九八〇年代の運動を振り返ると暴力的な側面ばかりが目立ってしまうが、このような広がりがあったのだと感心させられてしまう。

バブル崩壊——ドヤから路上へ

一九九〇年代に入って、「寄せ場」には大きな転換期が訪れた。バブル崩壊によって寄せ場の仕事がほぼなくなり、戦前から機能してきた寄せ場というシステムを必要としなくなったのだ。住民票をもたず、点々と住まいを替える日雇い労働者たちは、労働法も適応されないような使い捨ての存在であることが露呈した。

働き口をなくした人たちは、ドヤ代が払えなくなり、上野や新宿といった路上へ出ていかざるを得なくなった。中村さんは、「もともと山谷は、あそこに集めとけってさ、そういうふうにつくられたわけじゃん」と説明し、「でも、使い捨てたあとのことまでは誰も考えていなかった」と問題を指摘する。

「言い換えればさ、山谷がいらなくなったわけ。そのときに捨てた労働者が路上に浮上する。権力者も一般の人も、あれは何だとびっくりする。なんで、急に何万人も人々が路上に浮上したんだと。時代ごとにそういうシーンというのはあって、たとえば江戸から明治に移るとき、一九四五年の敗戦後、一気に路上に人が出て、貧民街が急激につくられていくとか。危機の時代には、そういう動きが必ずあった」

長きにわたって日本経済を支えてきた寄せ場が、日雇い労働者を集めて使い捨てるシステムだったとしたら、一九九三年に膨張していたバブル経済が崩壊し、外国人研修生制度がスタートし、さらに一九九五年頃から派遣事業がはじまっていく流れも、日雇い労働者の代わりに生まれたシステムとなり、代わりの層をつくっただけでしかない。

さらに当時、行き場を失った人たちに対して、福祉事務所は生活保護を受給させなかったという。「みんな住民票もないし、バック一つでドヤから外へ出ていくわけじゃない。実は、福祉事務所はそういう人たちを入り口でシャットアウトして、保護をしなかった。さらに、たまに求人があっても、四五歳以下とか五〇歳以下とかいう年齢制限でなかなか仕事に就けない。どんどん、路上に人が溜まっていった」

そんな状況下、自然と人が集まった場所の一つが、新宿駅から東京都庁へと向かう地下通路に並んだダンボールハウスである。一九九二年頃から徐々に増えはじめたため、これを問題視した東京都は強制撤去を実施している。

そもそも環境浄化の流れは一九八〇年代頃からあり、都市開発を行う際に「山谷のような労働者の街は邪魔だった」と中村さんは語る。そして、今度は、路上に出た労働者を排除することになった。彼にすれば、路上に放り出された人たちは、昨日まで一緒に仕事をしていた

多くの人たちが新宿に集まった
（撮影：大島俊一）

仲間である。何とか路上の仲間が主体となり、自分たちの命を支えながら、社会的に声を発信して抵抗することはできないだろうか……このような考えが出発点となり、当初は山谷と新宿を結ぶ路上運動の一つとして、山谷のメンバーが新宿に入り込んで支援を行った。

そして、強制撤去で追い出された人たちは、残されたスペースにダンボールハウスを再建しはじめた。山谷の外に出て路上での取り組み母体を新宿につくり、新しい団体をつくる先駆けとなる。

この動きがベースとなって、一九九四年に結成されたのが「新宿連絡会（新宿野宿労働者の生活・就労保証を求める連絡会議）」である。しかし、一九九六年、東京都が「動く歩道」を設置するために新宿駅西口地下道で寝泊まりする人たちの排除に乗り出したことで、青島幸男（一九三二～二〇〇六）都政と正面衝突した。ジャーナリストをはじめとして、アーティストやミュージシャンが表現の場として集まるなど、世論を揺るがす広がりをみせ、コンサートなども開催された。

ところが、一九九八年二月に火災が発生し、四名が亡くなったことで、住人は施設などへ移住し、ダンボール村としては解散となっている。

「新宿での活動でさ、見えてきたものがあった」と中村さんは言う。

「山谷では見えなかったけれど」と前置きをしたうえで、「一人ひとりの人格に出会った」と。

「そもそも山谷に入った日にパクられて、とっくに闘いの火ぶたは落とされており、ドンパチやってた時代は、仲間とゆっくり一緒に仕事へ行ったりする場面がなかった。逆に、仕事がなくなったことで、路上にいる仲間と話をしたり、どうやって飯を食うかと考えたり、いろんな相談をするなかで『人格』と出会った。抽象的な日雇い労働者ってことではなくて、いろんな人生をそれぞれが背負ってきて、いろんなきっかけで上野や山谷、新宿に流れ着くのが見えてきた。それが、やっぱり大きかった」

当時、路上に放り出された人たちは、都内だけでも一万人以上いたと言われている。

「だから、どう生存を支えられるのか、生存権を求めていけるのかっていう、そういうところに突き当たった。こんな状況になったら、山谷とか、釜ヶ崎とか、寿町とか寄せ場の枠にとどまってはいられない。各地で路上の人たちを支える取り組みをつくらないと大変なことになるって思った」

「共同炊事」という言葉が出はじめたのもこのころである。

「きっかけは、玉姫公園で野宿をしていたおっちゃんたちに、争議団のパトロール活動を担ってきたメンバーが米を持ってったら、当事者がその場で米を研いで、玉姫に住んでいる連中みんなに声をかけ、全員でごはんを食べた。その光景を見て、強く心を打たれたわけ。今までの炊き出しのやり方ではなく、本人がつくり、ともに食べるような方式を、路上運動の主体にすえて取り組んだ」と、中村さんは言う。

それまでの「炊き出し」は、支援者が食事をつくって提供し、当事者は並んで「ありがとう」というやり方であった。いわゆる「施し」にも見える姿であり、受け取る側は卑屈な気持ちにもなる。それを乗り越えるために、当事者と一緒に食事をつくり、一緒に食べる「共同炊事」というスタイルに変わっていったという。

隅田川医療相談会

長期にわたる日本経済の停滞によって、一九九七年以降、製造業、サービス産業、自動車産業などでは、それなりの技能をもった人たちもリストラによって路上へ出ていかざるを得なくなった。また、私自身も含めた「超氷河期」と呼ばれた世代は、不安定な非正規職にしか就けず、のちに社会問題となる、働いていても低賃金で生活がままならない「ワーキングプア」の走りとなった。

山谷地域を中心に、野宿者・生活困窮者の支援をしていた中村さんは、一九九〇年代の取り組みのなかで、働くことが変わっていく恐ろしさを感じていた。さらに、労働の問題は山谷だけではなく、あらゆる場で起こっており、「地殻変動のように見えた」とも言う。当時、隅田川沿いに建つ無数のブルーテントにはあらゆる産業で働く人たちがおり、その出会いが「路上の闘い」を超え、命を守るための傍流として新たな活動を生み出した。

まず二〇〇〇年、路上に出た仲間たちの食を支えるために発足したのが「フードバンク」である。山谷の枠を超え、都内の支援団体の活動家や宗教団体など、いろいろな人たちが集まるネットワーク型の連帯組織として立ちあがった。

隅田川沿いのブルーテント、その数は減少している

そして、二〇〇一年、隅田川のテントに住む仲間の「必要な医療を受けられない」という声から、隅田公園での医療相談がスタートした。これは現在も続いており、毎月第三日曜日に行われる「隅田川医療相談会」として、ボランティアの学生や社会人のほか、医療従事者、鍼灸師、弁護士、不動産業者など、サポートする人たちが集まっている。中村さんは支援者に対してこう伝えている。

「隅田川医療相談会は、当事者にどんなスタンスで臨むのか、どんなやり方でサポートできるのかが一番の課題です。『支援者づら』しちゃダメなんです。上から目線、救済する側とされる側の線引きという見方や方法を考え直していく。当事者も、支援者も、この社会の一員として認めあい、ともに支えあい、時には一緒に抵抗する主体として連帯しあう。当事者とともに社会を変える新しい方法を考えていく場なんです」

一人だと声を上げられないが、仲間とつながることで大きな声になる。また、ほかの立場の人と社会関係を築き、新しい縁がつくられていくなかで、自分たちの集団性をつかみとっていくことを大切にしている。

私自身も、看護学生だったころに医療相談会でボランティアをしていた時期がある。そのなかでもっとも印象深かったのが、「ハンチントン舞踏病*」という遺伝性の疾患を抱えながら路上に出ていたKさん（六〇代・男性）である。

二〇一四年、澄みわたる空にはスカイツリーが映え、凛とした空気に少年野球の歓声が響く一二月の相談会にやって来たＫさん。黒のニット帽と白いひげ、背中にリュックを担ぎ、冬場の野宿をしのぐため、下着には一〇個以上のホッカイロが貼り付けられていた。上肢が奇妙に跳ねあがり、つま先でひょこひょこと歩くため、体幹が不安定になって何度も転倒しそうになった。

ハンチントン舞踏病は、日本国内で難病指定がされている疾患で、自分の意志に反して体が勝手に動き、まるで踊っているかのように見えるため、アンデルセンの『赤い靴』のモデルになったとも言われている。

一〇代から石工の仕事に従事してきたが、仕事のたびに足がつる、まっ直ぐ歩けない、言葉がうまく出てこないといった症状が現れ、大学病院で診断されたうえで生活保護を受けていた。この疾患は、異常な形のタンパク質が脳の神経細胞に溜まり、体が不自由になるという進行性の病気である。自分の意志とは無関係に身体が動くため、その姿を見た周囲の人たちからは偏見の目で見られていたようだ。

「アルコールを飲んでいる人がこんなふうに歩くから。目も動くし、恥ずかしくって顔が赤くなった。赤面症なんだよ。周りが変な目で見るんだ。なんだあいつ、おかしいんじゃないかって。ドヤでも言われたし、外でも指をさされる。何にもしてないのに、警察にも止められた。病院ですら『あなたは福祉でしょ、生活保護もらっているくせに！』と、面と向かって言われた。本当に悔しかったし、情けなかった」

ドヤにも居づらくなったＫさんは路上へ出てしまい、酷寒での野宿生活で体力を消耗していく。保護費すらもらいに行けないギリギリの状況となり、ようやく相談会とつながった。

相談会の翌日、Kさんとともに福祉事務所に足を運んだ。担当のケースワーカーは不在で、窓口にいた、メガネをかけた担当が近寄り、「何してたの？　はっ？　この紙を持ってお金もらって」という横柄な態度で紙を渡した。まるで厄介者を追い払うようで、「あっち、あっち」と手を払う仕草を見て、相手を委縮させるような振る舞いに腹立たしい思いがした。

保護費を受け取り、区との交渉を経てF寮を紹介された。六〜八畳の、仕切りもない部屋での二〜三名の共同生活。布団の上がプライベートスペースであり、Kさんと同居人となった男性は、肝臓疾患と予想される薬を枕元に山積みにした状態で、覇気なく横たわっていた。そこは、生活困窮者を受け入れる「無料定額宿泊所」の一つであったが、生活保護費を中抜きされ、どうにも身動きがとれなくなるという「貧困ビジネス」のような施設だった。

しかし、そんな悪条件でも、「外とは雲泥の差。今日から屋根のある暖かい場所で寝られる……」と言って安堵していたKさんの表情を忘れることができない。

その後、Kさんは相談会メンバーの働きもあって、山谷の施設に入所した。アパートに入り、訪問看護や介護サービスを使いながら独り暮らしを続けていたが、病状は徐々に進行した。疾患の特徴で

＊意志に反して、手足や顔面をピクつかせたり、動かしてしまう舞踏運動と認知機能障害、精神症状（幻覚、妄想、抑うつなど）をきたす遺伝性、進行性の神経疾患。常染色体優性遺伝のため、性別に関係なく遺伝子異常が五〇パーセントの確率で子孫に伝わる。

ある易怒性《いどせい》＊が顕著になり、アパートから失踪してしまうということを繰り返した。一度、浅草警察署の刑事さんと一緒に隅田公園の周辺を夜まで捜索したこともある。その後、Kさんの希望もあって、入院を経たうえで地方の施設への入所となった。

仕事おこしと「あうん」の創設

命を守っていくため、食を支える「フードバンク」と、医療を提供する「医療相談会」を両輪として、地域社会のなかで発信していく方法はないか。当事者も参加できる仕組みづくりをする過程で、「よし、仕事おこしに挑戦してみるか」と奮起し、二〇〇二年に立ちあげたのが「あうん」である。正式名称は「アジアワーカーズネットワーク（AWN）」、初代理事長は湯浅誠さんである。

湯浅さんは「フードバンク」立ちあげメンバーの一人で、二〇〇一年に「自立生活サポートセンター・もやい」を、同じく東大出身の稲葉剛さんと設立していた。目途があったわけでもない「仕事おこし」という試みに、「協力したい」と申し出てくれたという。

「仕事おこしで一番苦労するのは、どんな仕事をやるにしろ、すでにできあがった仕組みがこの社会にはあるわけだよね。上には、大きな業界で何次下請けとかさ、どんな産業や業界でもつくられてい

仕切りもない雑然とした空間

て。でも、行政から仕事をもらうんじゃなくて、自分たちで開拓できるものはないか、飯が食える仕事をつくれるかってことを考えた」と、中村さんは言う。

実際、「あうん」で働こうと名乗り出たのは五名。うち三名は路上生活者だった。当初、山谷関係のさまざまな団体に、「女性物の衣類を集めて譲ってほしい」と「あうん」のメンバーらが頼んで回った。全国から集まってくる衣類のなかで、男物は需要が高いが、女性ものは使い道がないことを知っていたからである。

当時は、フリーマーケットが盛んになってきた時期で、衣類をもとに荒川区東日暮里でリサイクルショップを開いた。というのも、荒川エリアにあった町工場は不景気の煽りを受けて次々に倒産し、たくさんの空き倉庫が出ていたからである。中村さんはこう振り返る。

「調べてみると、荒川区のこのエリアは準工業地帯というのが分かった。住宅街でもない、商店街でもない、ブルーワーカーがいっぱいいて。とくにここはゴミ屋さん、いわゆるリサイクル産業の街なの。繊維産業っていうのも、主に古着を扱うとか、今でも古タイヤ、古紙、産業廃棄物の捨て場、そういうのが密集している。だから、俺らがはじめるのにふさわしい場所だと思った」

とはいえ、露店のようなリサイクルショップはまったく黒字にならず、頭を悩ましていたところに、

＊ 精神医学では、ささいなことをきっかけにして周囲に対して不機嫌な態度で反応しやすい状態のことを「易刺激性」、とくに怒りっぽい状態のことを「易怒性」と呼んでいる。たとえば、認知症や脳血管障害、脳腫瘍などの脳器質性精神障害で、急に易怒性を呈することがある。

湯浅さんから「アパートの片づけをしてほしい」という依頼を受けた。

路上の人たちの相談を受けていた「もやい」は、生活保護をとり、アパートを借りる際の保証人を引き受ける「保証人提携事業」をはじめていた。そのなかで、亡くなったり、施設へ引っ越したりと、住人がいなくなってしまった部屋の片づけを当初はボランティアベースで行っていたが、とてもやり切れなかったので、「『あうん』の事業としてやってもらえないか」と依頼したのだ。

その求めに応じる形で「あうん」は、二〇〇三年よりリサイクルショップを運営する以外にも、引っ越し、家財片づけを中心とした「便利屋」をはじめることになり、徐々に役所関係の保護課、高齢福祉課などといった行政からの依頼も増加していった。信頼度も上がり、売上も増えていき、仕事おこしをはじめて五年、二〇〇七年には法人格をとる必要性が出てきた。

これからどういう会社にしていこうかと、内部で喧々諤々話し合ったところ、メンバーからこんな意見が出る。

「あのころ、うちの中心だった玉三郎ら、働いている連中が『どうせ新しい会社をつくったって俺らは使い捨てだろ』って言い出したんだよ。それで、みんなでいろいろと調べて、『企業組合』というシステムがまだ残っていることを知った」

当事者を中心に据える働き方を大切にしてきた中村さんたちは、実際少数派であったが、労働者が出資して運営する形を選択し、「企業組合あうん」（本章のトビラ写真参照）としてスタートすることになった。

法人格をとった「あうん」だが、実際に働いていたメンバーは六〇代を超えており、肉体労働が徐々に難しくなってきたタイミングでもあり、自分たちの代で終わらせてしまうのか、次世代へ引き継ぐのか、という話が自然と浮上していった。ちょうどリーマンショックの影響で派遣切りが起こるという不穏な時期であった。

「あうん」の「おっちゃん」たちが、当時、交流していた「反貧困ネットワーク」の取り組みのなかで、派遣労働者や期間工の話などを聞き、「あんな若いやつらが俺たちと同じ苦労をしている。ああいうやつらに、俺たちの事業を継いでほしい」と言いはじめた。そこで、保険制度を整えるなど、若い人を受け入れる母体づくりをはじめることになった。

二〇〇八年の大晦日から一月五日まで日比谷公園で行われた避難所「年越し日比谷派遣村」の寄り合い場所に一時期なったのが「あうん」の事務所であり、ここに集まってきたのが、二〇代、三〇代という若い世代であった。さまざまな支援団体から若い人が集まりはじめ、世代交代のようにリサイクルショップや便利屋の事業を彼らに引き継いだ。時代の流れに乗って世代継承をしたことが「あうん」の転換期となる。

さらに、「派遣村」によって社会的な信用を得たことで、仕事の依頼が民間からも来るようになっていった。ただ、中村さんは、「最初から理念なんてあったわけではない」と言って笑う。

「俺個人だったら、雇ってくれるところなんてありゃしないし、『あうん』がなかったら稼ぎ口はどうにもならなかったと思うんだよ。だからそれは、今働いてる人たちも同じ。つまり、まずは自分たちが食うためにはじまってる。俺はこれで飯を食わなきゃいけないんだっていう、そういう思いでやってきた」

現在、スタッフ数は三〇人を超え、「一日三食食べられるだけの賃金」を目標に、さまざまな理由で失業状態にあった人、シングルマザー、引きこもり経験者など、「あうん」の活動に賛同した人たちが働いている。

便利屋、リサイクルショップではそれぞれ会議を行い、運営や仕事の仕方などについて自分たちで話し合う。最終決定は、全体会議の席上において全員で結論を出している。当然「賛成」、「反対」が出るわけだが、できるだけ多数決とはせず、みんなの了解をとり、納得する形を探っている。

「事業をはじめちゃったからには、給料分稼がないといけない。人が集まった分、これが難しくて。そして、どう地域社会のなかで連携し、事業でつながれるのか。事業をきっかけに自分たちの取り組みを理解してもらい、共同できるか、雇用労働ではない働き方は可能なのかを模索している」

「あうん」としての事業のほか、二〇一九年には、「フードバンク」と「医療相談会」の二つの任意団体が統合して「一般社団法人あじいる」が発足している。また、行政主導ではなく、民間団体、子ども食堂の人たちが主導して運営している「あらかわ子ども応援ネットワーク」にも加盟した。居場所づくりとしてカフェをオープンするなど、地域を巻き込んだ活動を展開している。

内側から外側へ――山谷の流儀

一九八〇年代の闘いも含めて見つめていくと、「山谷のやり方、山谷らしさというのが見えてくる」と言い、今それが「地域社会のなかで求められているものなのでは」と中村さんは感じている。

「いろんな人が、『あうん』を見学しに来るじゃない。そこでよく言われるのが、『人のつながりがあまりに濃い』ということ。何でそうなるのか、どうやってつくったのか聞かれるの。それはさ、食えなきゃ一緒に食えるようにしようとか、仕事がなければ一緒に働きに行こうとか。そういうのってもともと山谷は当たり前だったし、それを大切にしてきたからなんだよね。でも、地域社会にはそれがない。目に見えない差別や分断が根を張っている。みんなバラバラで、そのなかでどうつながっていけるかが一番の問題。一旦、バラバラになったものをつなぎ直していくわけだから、生半可ではできないよね」

かつて玉三郎は、「山谷に来たくて来てるやつは一人もいない。みんな仕事にありつけるかありつけないかで、今日はあったかいご飯を食べられるか、食べられないかみたいな世界のなかで生きてきた」と話していたが、そこで同じ想いをし、同じ釜の飯を食う関係は、血縁とはまた別の「仲間としてのつながり」をもたらす。しかし、それは理念や思想では説明できない。

「立派な能書きなんてどうでもいいから、一緒に飯を食ったり、一緒に風呂入ったりさ、そういうことが誰でも当たり前にできて、それを自分の権利として主張できるような地域社会にならないと生きていけない」

そして、そのことに気づけたから、「山谷の枠を超えてよかった」と中村さんは語る。

「山谷の内側にいる山友会のジャンさん。彼はドヤ街の路上に座り、『ジャンさん流』を貫いている。あそこに座り、存在するのが大事で、あれはジャンさんが切り拓いてきたものだよね」

「居場所づくり」の大切さが謳われているが、居場所とは空間ではない。箱をつくっただけでは誰も来ないし、何も起こらない。その空間に誰がいて、何をするかだ。「あの人がいるなら顔を出そうかな」と思えたり、何らかの目的があったりする。要するに、心地よい居場所は、人のつながりをどうつくるかによって決まる。そのため「あじいる」でも、みんなが集まる共同作業日を設けたり、田植えや稲刈りといった行事を開催している。ちなみに、米づくりは群馬県館林市の農家さんらの協力を得て実施されており、収穫した米は、毎月の医療相談会での炊き出しにも使われている。

路上生活から抜け出て、生活保護をとってアパートに入れても、人との関係性が切れてしまい、孤立してしまう人が少なからずいる。なかには、「野宿しているときのほうが生きている実感があった。時折、外に戻りたくなる」と話している人に出会ったこともある。

「お偉いさんが来て、上から与えられてやるんじゃなくて、ワイワイとみんなで考えて、意見を出して動くみたいな感じ。それは、山谷から外に出ても変えずに今もしてる。そして、それは、地域社会でも通用する。逆に、地域社会の人がひきつけられてくる。子どもたちを見ていて、つくづくそう思った」

リサイクルショップのすぐ近く、角地の建物を改装して二〇二〇年にオープンした「どっこい食堂」の一角で、中村さんは感慨深そうな表情で語り、とん汁をすすった。その日は米づくりの収穫祭で、多くの親子連れが集まっており、店内に飾られた田植えや稲刈りの写真を前に、参加した子どもたちが自分の姿をうれしそうに指さしていた。

本当は、山谷の運動と連携しながら、自分たちは外に出て見えない壁を突き破り、外からどんどん山谷の中に入っていく流れと、山谷のなかから外へ出る流れをつくりたかったのだとも言う。

一方で、「山友会」や「友愛会」、「きぼうのいえ」、「コスモス」といった、「ゆるやかだがほかの団体が山谷のなかで活動を続けており、新たなつながりができている」と話す。

「外側と内側の連携っていうのは、地域社会をつくっていくうえにおいて重要で、見えない差別の壁を乗り越えるために必要だと思うんだよね。そしてそれは、外に出た人たちの役割だと思う。外へ出ることを選んだ人たちの、外でしかできないこともある」

自分には支えてくれる理念や思想はなく、経験のなかでつかんだもの

群馬県館林市での稲刈り

荒川区東日暮里にある「どっこい食堂」

しかないと言う中村さんが次のように話してくれた。

「山谷とその労働者たちにこだわり続け、そこを母体に貫いてきたのは『山谷の流儀を絶やさない』ってことかな」

差別や偏見をこえてつながる人たちと、それでも支え合い、つながり続けるという山谷らしい濃い付き合いは、現在の活動のベースとなっている。

路上の仲間とともに、生きていくためにつくりあげた労働の場は、いつしか地域の人たちをも巻き込む居場所づくりへと進んでいる。「どっこい食堂」には、顔なじみのおっちゃんや近所の人たち、世代もさまざまなスタッフなど、賑やかな声が響き渡る。

「山谷の流儀」は、山谷の外に出て、今も荒川の地で広がりをみせている。

第6章

「山谷」にひきよせられた人たち

夜、訪問に向かう吐師さん

なぜ、再犯しないでシャバにいられるのか？

「もう、街ごとアルコール依存症みたいなもんですからね」

山谷をこのように評したのは、「ＮＰＯ法人友愛会」で相談員を務めている田中健児さんだ。実は、自らも薬物依存の当事者である。長身で細身、忌野清志郎（一九五一～二〇〇九）を愛するギタリストでもあり、当事者ゆえ、その経験を生かした支援は、おそらく彼にしかできない関係性を築くテクニックをもっている。そんな彼が、「これ、謎なんですけどね……」と言いながら、

「なぜ、何度も社会と刑務所の往復を繰り返してきた累犯高齢者が、山谷では再犯しないでシャバにいられるんでしょうね」

と、飄々とした様子でかねてからの疑問を口にした。

台東区の隣、荒川区にある寿司屋の次男として生まれた田中さんは、高校生のころから三〇年ほど清川（山谷の現在の町名）でテキ屋の仕事をしてきたという。となると、山谷は地元みたいなものである。それだけに、「なぜ、再犯しないのか」が分からないという。

山谷は「山谷以外のどこからか来た人たち」が暮らしている街のため、「どっぷり働いていたりすると、かえって分からなくなるんですよ」とも言う。ここ以外に居場所や行くあてがあるわけでもなく、好きでいるようでもなさそうだが、そんなに嫌でもないように見えてしまう。

「人や場の距離感が謎なのだ」と言ったあとの田中さんの言葉が興味深い。

「うちにいる最高齢の利用者さんで、ギネス級ともなる刑務所への入所歴がある人がいました。回数でいうと一九回。『感化院』（現、児童自立支援施設）と呼ばれる、少年院の前に行くところからはじまって、人生のほとんど、いやすべてを刑務所で過ごしているような人だった。だから、その人の情報を見ると、成育歴じゃなくて犯罪歴になっている。最短だと、刑務所を出て一週間ぐらいで軽微な犯罪をしてまた戻っていくんです。本人が明確に、『節約しながら生きるのが面倒くさい。刑務所に行けば生活できるから』と言って、自ら刑務所に行きたくて戻っていくわけです。一四〇円のおにぎりを盗んで戻ったときもあります。性格はきちんとした人で、気遣いもできるし、認知症もありません。そういう意味からすると、一九回も刑務所に行けたのは本人の『努力』という言い方ができてしまう」

このような累犯高齢者と呼ばれる人たちは、そのほとんどが家族とは音信不通だという。そのため、育ちが見えない。かろうじて学校は分かるが、本人の記憶に頼るしかない。もしかしたら発達障がいなどがありそうだが、保護者の意見や成績表もなく、成育歴が不明なため、大人になってからその診断をとるのは難しい。

かつて、地方の刑務所から出所する際、職員が「寄せ場に行け」と教

田中健児さん

えたと聞いたことがある。あそこに行けば支援者もいるし、福祉も充実しているし、「何とかなるぞ」と助言したそうだ。警察も、付近で行き先のない人を発見すると、わざわざパトカーに乗せ、「山谷に置いていく」ということも珍しくなかったという。

近年、「友愛会」には刑務所から出てきた人の入所依頼が増えており、行き場のない人たちの中心は、「路上生活の経験があり、高齢で障がいがあり、受刑経験のある人」だという。そして、やって来た彼らのほとんどは、特別なプログラムなどを一切行っていないにもかかわらず、再犯することなく日々を過ごしていると聞くと、その理由が知りたくなる。

友愛会の外観

「友愛会」は、私が在職している「コスモス」と同時期に開設されたNPO法人であり、生活困窮者の援助を行っている。宿泊所のほか、訪問介護ステーションなども併設しており、先に紹介した「山友会」から枝分かれしてできた団体である。

「山友会」の前身は、神父や医師らが集まってはじめた「老友会」という民間のボランティア団体で、最初の事務所は三ノ輪にあった。歳を重ねて仕事ができなくなる日雇い労働者たちに、食事と住まいを提供することを目的としてスタートし、一九八九年頃に山谷へ移転した。

現在、相談室になっている玄関先で床屋を開き、タオルやお茶、タバコを配ったり、何かあれば相談に乗り、必要とされる場合は無料診療所につないでいたという。当時、「山友ホーム」という宿泊所をもっていたが、それが現在の「友愛会」の事務所であり、「友愛ホーム」となっている。

関係機関などからは、次のようによく言われている。

「友愛会さんはやっぱりすごいですね。みんな再犯しなくなりますよね。どんなかかわり方をしているんですか?」

これに対してスタッフは、「特別なことは何もしていない」と答えている。みんなびっくりして、「本当ですか?」と突っ込まれるが、「特別なことは本当に何もしていない」としか答えられないという。では、なぜ再犯しないのだろうか。それについて、「友愛会」の代表を務めている吐師《はし》秀典さんは、次のように指摘する。

「友愛会が特別なかかわり方をしていないのになぜ再犯しないのか、と考えていたら本質を見誤ると思う。その質問自体が『さかさま』なんだよね。問うべきは、なぜ『再犯するのか?』でしょう」

世の中の多くの場面で、彼らは生きづらいと感じている。周囲が生きづらいと感じさせてしまうかかわり方をしているから、再犯するのである。つまり、彼らに対する偏見や差別があればあるほど、彼らにとっては「生きづらい社会」ということになる。

「たとえば、窃盗するかもしれないから、買い物や外出のときにそ

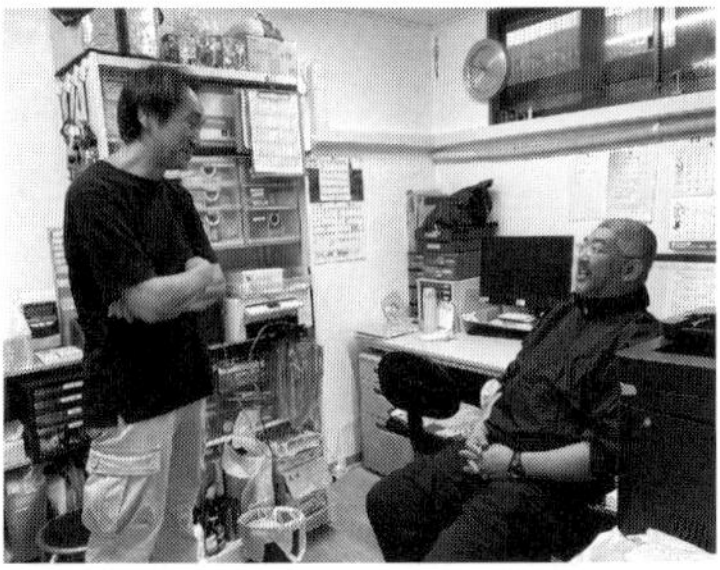

田中さん（左）と吐師さん、友愛会事務所にて

の人を疑うような発言をしたり、咎めるような態度をとってしまったら、彼らはどのように感じると思いますか？」

何もしていないのに疑われる。自分は信用されていない、と感じてしまうだろう。そのような状態であれば、確かに息苦しい。誰も信じてくれないうえに監視されるという状態、誰しも「自由がない」と感じてしまうだろう。

「彼らには、小さな自由が必要なんです。友愛会は、息苦しさを感じる場面が少ないんだと思う。つまり、小さな自由を潰さない。生きづらさをあまり感じないから、再犯する理由がなくなるだけなんだと思う」

生きづらく感じてしまうから犯罪を繰り返してしまう。その根を断つには、差別や偏見の視線にさらさないこと、その人を信じ、小さな自由を潰さないこと。生きていてもいいのだと思えれば、犯罪を起こす必要がなくなるということである。

このような吐師《はし》さんとの会話を受けて、山谷全体を俯瞰しながら田中さんが次のように言及した。

「日雇いでも、鳶《とび》の技術職は賃金が高いけれど、折れ釘を集める仕事とか、ツルハシで穴掘るだけとか、工場での軽作業といった単純作業が以前にはまだあった。要するに、みんな平等に稼げたわけですよ。でも、徐々に賃金の安い外国人がやって来て、工場の作業はロボットがやってくれて、仕事や与えられた役割が奪われていく。そうなると、生きていくには刑務所しかない。つまり、就職先が『刑務所』になってしまっている」

もちろん、「すべての人が当てはまるわけではない」と前置きをしつつ、田中さんは続けた。

「意地悪な言い方になってしまうけれど、就職先が刑務所しかない、そして職業が何かしらの『病気』ということにならざるを得ない。だって、生活保護を受けるためには、何かしら疾患があると有利だから。たとえば、依存症なんかはまさにそうで、何でこの人たち治らないんだろうって思っていたことがあったけど、この人たちは『治りたくないからだ』と気づいて……。治ると失業しちゃうから。本人が病気であり続けている場合もあるっていうこと。どこかで、無意識に『治ったら食い扶持がなくなる』と思わされている」

批判があるとはいえ、この街全体が「生活保護の街」だとしたら、病人であり続けること、生活保護を受け続けるためには治ってはいけないことになる。これは不都合な真実であり、構造としてできあがっている、否定できない側面でもある。

「だからこそ、山谷ではやっていける。だって、街ごとそうですから」と、田中さんは強調した。

犯罪歴があると分かれば、当然、周りからは浮いてしまう。しかし、山谷では取り立てて目立たない。なぜなら、それほど珍しいことではないからだ。逆に考えると、ある生きづらさを抱えた人たちにとってみれば、山谷は安心して隠れられる場所、シェルター的な役割をしていると考えることもできる。ここだったら生きていてもいい、このように肯定してもらえるから、再犯する必要がないのかもしれない。

精神科訪問看護

常にラフな格好で働いている吐師《はし》秀典さんは、一八〇センチを超えているうえに体格もよく、丸刈りに髭を生やしているため、「看護師に見られない」（本人の弁）風貌である。しかし、事務所にはジョルジュ・ルオーの絵が飾られており、自らも絵を描くというアーティスチックな一面をもっている。

一九七六年、北海道北見市生まれた吐師さんは、カトリックの家に育ち、幼少のころから日曜日にはミサを与かるために教会へ通い、そこで出会った二人の神父から、「自分の人生において大きな影響を受けることになった」と言う。

一人は、幼児期から中学生にかけて交流のあった神父で、彼からは「差別や偏見がいかなるものを呼び込むのか」ということについて教えられた。中学生だった彼を、地元にいる大学教授が主宰する調査研究グループの活動に誘ってくれたことがそのはじまりである。

「北海道の人間にとっては避けられないことがある。それがアイヌ民族に対する抑圧の歴史。その神父と一緒に、アイヌ民族がホストになって北海道で開催された『世界先住民族会議』（一九八九年）のほか、一九九三年八月に開催された『二風谷フォーラム』にも参加した」

そして、「彼を山谷へ」と誘ったのが、もう一人の神父・中谷功さんである。中谷神父は山谷に住み、「山里相談室」という拠点を玉姫公園につくって日雇い労働者とともに祈り、炊き出しや訪問、入管問題に取り組むなどしており、初めて山谷へ足を踏み入れた一六歳の吐師さんも、「山里相談室」での炊き出しや「山友会」の活動に参加していた。

一九九二年八月、道産子には耐えがたい暑さのなか、一畳半ほどのドヤに宿泊したという吐師さんは、当時のことを次のように回想する。

「宿泊するドヤに五日分の宿賃を払ったけれど、寝返りを打つだけで、ベニヤで仕切られた壁に膝がぶつかるような狭さ。湿度が高くて頭はぼーっとするし、玄関の横にあった黄ばんだ張り紙に、『扇風機貸出一日一〇〇円、電気代一日五〇円』と書いてあったのを思い出して、帳場から扇風機を借りたり。結局は、耐えられずにドヤを出て、ひと晩中、夜の山谷をぶらついた」

吐師さんにとっては、山谷で過ごす初めての夜。酔っぱらいのケンカに遭遇し、血を流しながら歩く男に誰もが騒ぐこともなく当たり前のように行き交う様子に驚いたほか、「金を貸してくれ」と頼まれたりもした。

玉姫公園で男たちと談笑したあと隅田川のほうへ向かうと、白髭橋から桜橋を越えるあたりまでの両岸には、二〇〇軒以上のブルーシートハウスがあり、そこで一人の高齢男性からテントに誘われ、缶コーヒーをもらいつつ花壇の縁に二人で腰を下ろして、お互いの身の上話をしたという。

「会社を経営していたこと、借金がかさんで夜逃げをしたこと、家族とは音信不通になっていること、空き缶や段ボールのバタ屋をしていること。今考えれば、その話が嘘か本当か分からないけれど、それでも小僧相手によく話してくれたと思う。そして、『お兄ちゃんが思っているほど世の中は簡単じゃないよ』と言っていたのをよく覚えている」

テントを出たあと、玉姫公園の周りで毎朝開催される「ドロボウ市」を眺め、豚汁を買ってすすり、五時に玄関が開くドヤに戻ったという。多感な時期に見た山谷の光景は強烈で、宣教師の道も考えたが、高校卒業後は国際医療福祉大学へ入学した。看護師・保健師となったあと、大学院生となり、活動拠点を山谷に置いて路上生活者たちとかかわりをもつようになる。

仲良くなったブルーテントの住人が、「お前も住めよ、そしたら分かるから」と言って、隅田川に小さなテントを建ててくれたので、実際に宿泊したものの、「一二月の河原は極寒で、とにかく寒かったことしか覚えてない」と苦笑いをしていた。

その後、生活困窮者の援助を行う「NPO法人友愛会」の代表となり、現在に至っている。専門は公衆衛生など地域看護だったが、三〇年近く山谷で活動し、さらに「誰かが求めてきたことは基本的に断らない」というスタンスを貫いている吐師《はし》さんのもとへは、自然と「困難なケース」の相談が舞い込んでくる。とくに多いのが、精神疾患を抱えた人たちの相談、累犯受刑者の受け入れ、医療観察法の訪問看護などである。

ドロボウ市（撮影：大島俊一）

山谷にはいくつかのNPO法人があるが、「友愛会」はその代表的な団体の一つで、「精神科の訪問看護ステーション」と言われることが多い。しかし、吐師さんは精神科の専門家と思ったことはなく、「教えてくれとは言われるが、できない」と言って謙遜する。そして、「精神疾患という言葉自体に嫌悪感がある」と語る。

「精神とか心理はサイコロジーって言うけど、そもそも『精神』って英語で『スピリット（魂）』だよね。精神疾患、つまり『魂の病気』ってさ、ずいぶん失礼だと思うんだよ。確かに、精神疾患にはストレス過多になって心が疲れてしまうストレス性のものがあり、そういうときは原因から離れて心も体も休ませる必要があるけど、そういうもの以外は脳の機能障がいなんだよね。心が病気になっているわけではなく、何らかの要因で脳がうまく機能していないから問題が起こっているだけ。だから、精神科なんて実はいらなくて、『脳内科』とかつくればいいんじゃないかと思っている」

吐師さんの訪問に同行したことがあるが、一般的に持参する血圧計、酸素飽和度のモニター、聴診器といったバイタルサインを測定する道具を彼は持ち込まない。準備はしているが、必要時のみに使用するため、身軽な格好で訪問している。また、看護師はできるだけ情報をとることが良しとされているが、初回訪問の際はあまり情報を入れないようにしていた。

事前に情報を取りすぎると病名だけが先走る。たとえば、「統合失調症」という病気が前面に出てしまい、「本来のその人を見誤る、バイアスがかかってしまう」と言う。それを避けるために、最低限の情報にとどめることが多いという。情報は紙面に頼らず、対面し、他愛ない会話のなかで収集していくというスタイルである。

その日に同行した先は三〇代の女性宅で、玄関には靴が山積みとなっており、先に見える部屋まで行くには、散乱した荷物を踏んでいかなければならないという状態であった。彼女とは一〇年以上の付き合いとのことで、漫才のような掛け合いをしながら手早く残薬の整理をし、生活状況を聞き取ったうえ、必要な薬をカレンダーにセットしていった。

服薬状況の確認は大切なケア内容となるが、肌の状態、目つき、仕草、話し方、服装といった本人の様子はもちろん、部屋の臭いや荒れ具合など、五感を使って生活状況を観察するのも訪問看護師の役割の一つとなっている。時には外へ連れ出し、環境を変えた状態で対話を重ねていく。

そして、もっとも大切にしているのが、「向きあった人が

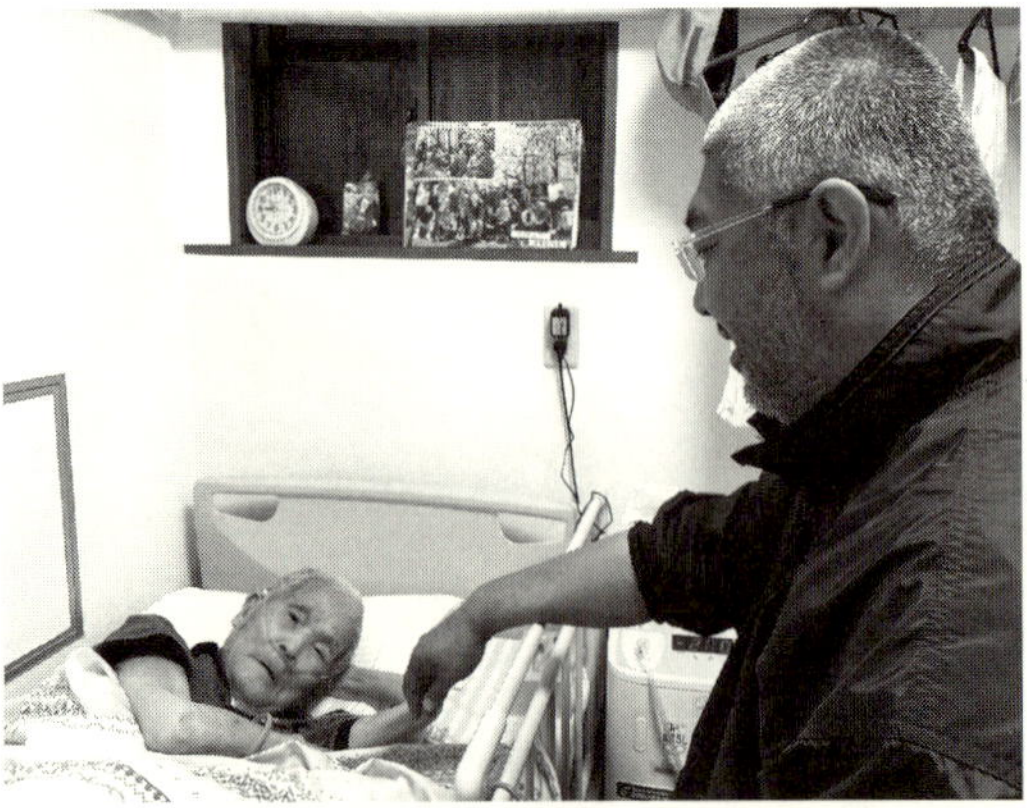

ケア中の吐師さん

何を言おうとしているのか、それだけを考える」ということ。

「自分が入るようになって利用者さんの状態が落ち着いてきたと言われるけれど、それは勝手に相手が、周りと違ってこいつなら分かってくれるかもしれないって思ってくれたから。自分は、突き詰めて突き詰めて、タマネギの薄皮をむくような作業を地道にずっとやっている。薄皮をはぐように考えることを、人より根気強くやっているだけ」

これこそが他人には説明できない理由であり、それを「あり方」の問題と吐師《はし》さんは言う。相手に向き合う姿勢、言葉では表現できない「あり方」こそが吐師さんの矜持《きょうじ》のように思えてくる。

前向きな「諦め」

「僕から見たら吐師さんはものすごく変わり者で、山谷のなかでも異質だけど、エリートなんですよ。大学院を出て、きちんと資格もあって、ちゃんとしている人。でも、ヤクザ者が、僕と吐師さんのキャラはまったく違うけれども、自分たちに似たようなものを感じ、何かベーシックなところで分かりあえる何かがあるんじゃないかって思ってくれている。コスモスの看護師さんだって、ちゃんとした人の筆頭だと思うけれど、筋金入りの変わり者のところに行ってやっていけるわけでしょ」

確かに、同じ種類ではないが、山谷にいるというだけで何か共通項のようなものを相手が感じてくれている。「山谷」という一つの集合があり、そこにいる、働いているというだけで、マイノリティーで異質なことをやっているというつながりとなる。

先の言葉に続けて、田中さんは次のように総括する。

「山谷では、みんな差別されているという平等があるのかもしれないね」

吐師《はし》さんは、自分たちの活動の成り立ちを、システム論ではなく「前向きな諦め」という言葉で説明する。それは、ギブアップというネガティブな意味ではなく、「ポジティブな諦めだ」と言う。

仏教用語における「諦」、それは真理を意味する言葉であり、明らかにすること、現実をありのまま観察することを意味している。困難なときにこそ「諦める」ことが大事だと言って、吐師さんは次のように続けた。

「たとえば、便だらけの部屋に転がってる人がいたとして、もっと衛生的な場所をつくらなきゃって思う。でも、ケースワーカーは動かないし、本人も問題だと思ってないし、どうしようっていう状況のなかで、気持ちだけは先走るけど大抵は何も変わらない」

訪問をしていると、こういう場面によく遭遇する。とくに本人が困っていない場合、どこからはじめようかと頭を悩ませることが多い。

「でも、これはしょうがない。決してよい状況ではないけれど、本人は笑っているからひとまずいいかもしれないと、できる範囲内で考えてみる。衛生面の解決はできないかもしれないが、少なからず汚れているという理由で部屋を追い出される状況は回避する。本人の気持ちが動くようなきれいさって何だろうと考える。そのスタートに立つためには、まずは自分のなかで明らかにしなければならない。この状況で、私が求めていることは無理なんだ、本人が望んでいないかもしれない、と。そこは分かったぞと明らかにしないかぎり、一生まちがい続けるアプローチをしてしまう」

まちがったアプローチはしていないけれど、本人の「芯」に入っていかない、響かない場合も多々ある。その人になぜ伝わらないのだろうか？

「頑なに嫌がっている状況を前に絶望する。なぜ、本人が拒否するかっていうと、我々が諦めのつかないやり方を押し付けていることに向こうが絶望しているから。つまり、こちらも諦めた場所に行けば、彼らに通じる言葉を探そうと思うし、より近いものを選べる」

人は、何かしら相手に期待をし、無意識のうちに、相手に対して自分の思いどおりに動くこと、いわゆる「変わること」を要求しがちである。しかし、相手はそれを望んでいない。そこに溝が生じる。あなたのためを思って言っているし、こんなにやってあげているのにどうして……とは、善意の押し付けでしかないかもしれない。

「諦めない」ことが美徳とされる世の中で、諦めることからはじめるという新しい視点。前向きな諦めとは、相手を変えようとせず、ありのままを受け入れる。フェアな関係のなかで、初めて相手とのコミュニケーションが成立する。

田中さんと吐師さんが、いわゆる「変わり者」と呼ばれる人たちに受け入れてもらえる理由が、ここにあるように思えてくる。

彼らに共通するのは、「人なんて分からない」というよい意味での諦めと、「その人を知りたい」という興味や好奇心をもっていることのように感じる。そして、決して人間をステレオタイプに判断しない。「人間って別に、いつだってタガが外れる。ただ、外したつもりもない」と田中さんが言うように、何かしらの理由を求めること自体が我々の先入観だと考えている。

アンビバレンス（両価感情）が人間には備わっていて、まったく逆の価値観が自分のなかに存在している。一人でいる自由な自分、誰かといることで温かい気持ちになる自分——両方とも自分のなかでは大事なことだが、どっちが本当の自分なのか、どちらかにあるはずだと思おうとしてしまう。なぜなら、安定感がなく、落ち着かないからだ。しかし、人は「ゼロかイチか」ではない。

「正直言って、この仕事、全然好きじゃない」と田中さんが冗談交じりに発言すると、吐師さんも「僕も好きでやってるわけではない」と同意する。

「でも、アンビバレンスの自分があるから、アンビバレンスの人間が分かる」と私が指摘すると、二人とも笑って頷いていた。

山谷におけるケアの現場は、他者に対しておごらず、自由を脅かさない、そんな姿勢で接する人たちが支えているのだとつくづく思ってしまう。

生活を大切にするということ

二〇二三年三月、上野駅のすぐそばの創作料理の個室にやって来た梶原徹先生は、座敷にふんわりと腰掛け、やわらかな笑顔を見せた。この日は、「友愛会」代表の吐師《はし》さんとともに三人で食事をすることになっていた。精神医療のエキスパートである梶原先生の会話には終わりがなく、他者へのまなざしがどこまでもやさしい。

そんな梶原先生は何冊もの翻訳書を刊行しているが、その著者であるバザーリア（Franco Basaglia, 1924～1980）という名前に私自身が初めて触れたのは、二〇〇八年に制作された映画『人生、ここにあり！』（監督：ジュリオ・マンフレドニア）である。一九七八年、イタリアでは精神科病院をなくす「バザーリア法」が公布され、精神疾患を抱える人たちが病院から地域へ放り出されたわけだが、その生活をコメディタッチで描きつつ、シビアな現実を突きつけた作品である。

その後、『むかしMattoの町があった』（監督：マルコ・トゥルコ、二〇一〇年）を鑑賞し、日本の精神医療の遅れを痛感したものだ。

バザーリアが発する言葉は難解なものが多いが、読むた

梶原徹先生

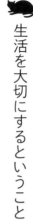

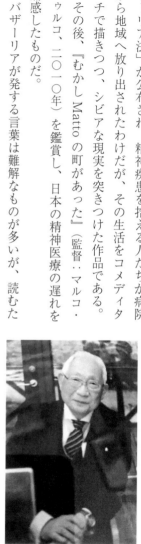

びに発見があり、何度も反芻したくなる。彼は医療者であり、言葉を届ける哲学者なのだと思う。バザーリアに惹かれた梶原先生もまた、医療の世界に身を置きながら「生きるとは何か」を突き詰めてきた人である。

梶原先生は個人史『私の生い立ちから浜田クリニックへ』のなかで、「浅草溜に集められた人達の助け合いのなかで日本の精神医療が始まった」と記している。それを知った田中健児さんが「路上生活者から『このNPO！』とか『貧困ビジネス！』と罵声を浴びせられる僕たちも、同じく社会的な底辺に追いやられた人々なのかと妙に納得しました」と、冗談とも本気ともつかないことを言っていたが、それに対して、梶原先生は次のように補足した。

「そう言っちゃったけど、もとは普通の病院も、貧困者の収容所からはじまっている。浅草寺、鎌倉の極楽寺もそう。貧乏だけど病気になった人をただで診た赤ひげは、小石川養成所を舞台にしている。江戸時代の前からそうだけど、寺の境内のなかには病気平癒、健康を祈願する薬師様がいて、最古の福祉施設として、困窮者や孤児らを養う『悲田院《ひでんいん》』*があった。医療よりも先に『生活救済』からはじまっているんだよね」

まずは路上で寝ないですむよう、屋根のあるところに寝かせ、着るものを用意し、食事を提供した。

梶原先生の個人史

「『溜』の発想も、物乞いしている人たちを集め、食べさせた。それは『生活を支えている』という意味で、あなた方がやっている訪問看護の原点であると思いますよ」

医学は、科学化したがゆえに、自ずとその領域を狭くしていった。そのため、周りにあった生活をカットしてしまった。本来なら、生活ありきで成り立つ身体を相手にするはずなのに、医学が矮小化されてしまった側面があると梶原先生は語る。

「医学って何かというと、病気に働き掛ける、考えることを総合して医学という。科学的な実証と闘いだけが医学ではないんですよ。人が人を世話するという意味があり、そこが抜けてしまったら医学ではない」

梶原先生が山谷に入ったのは二〇一四年。「地域ケア連携をすすめる会」にかかわるようになり、「NPO法人自立支援センターふるさとの会」が運営する「ホテル三晃」への訪問診療がきっかけである。「ホテル三晃」はドヤ街のなかに建つ日常生活援助住居施設で、山友荘と同じ通りにある。

＊聖徳太子が随にならい、大阪の四天王寺に四箇院の一つとして建てられたのが日本での最初とする伝承があり、敬老の日の由来の俗説である。四箇院とは、悲田院に敬田院・施薬院・療病院を合せたものである。現在は京都市東山区の泉涌寺の塔頭の一つとして悲田院があり、これは平安京の悲田院の後身と伝えられる。また、上述の四天王寺のある大阪市天王寺区の南端に位置する悲田院町など、地名として残っているところもある。

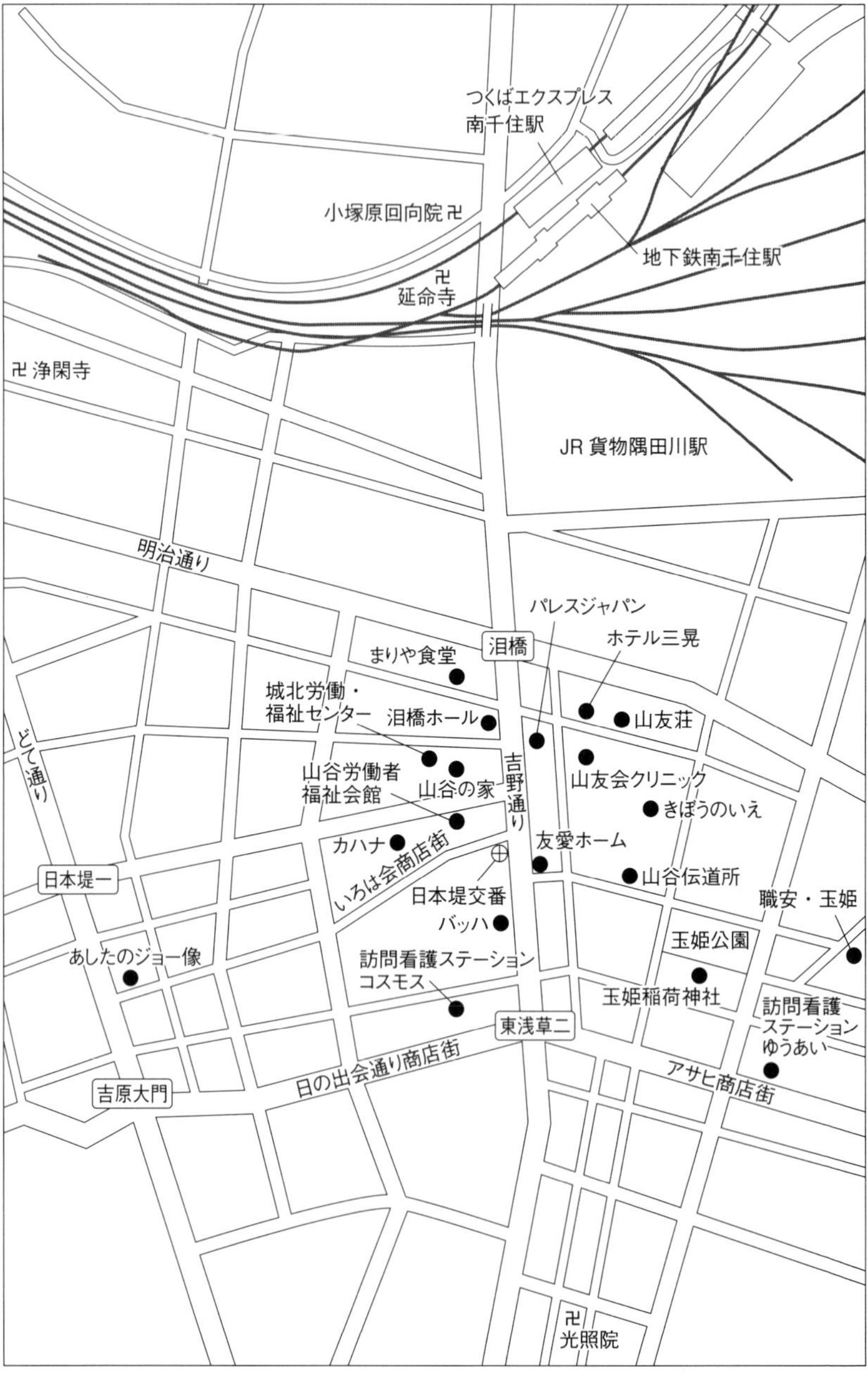

つくばエクスプレス
南千住駅
小塚原回向院
地下鉄南千住駅
延命寺
浄閑寺
JR 貨物隅田川駅
明治通り
パレスジャパン
泪橋
ホテル三晃
まりや食堂
城北労働・
福祉センター
泪橋ホール
山友荘
どて通り
吉野通り
山谷労働者
福祉会館
山谷の家
山友会クリニック
きぼうのいえ
カハナ
いろは会商店街
友愛ホーム
日本堤一
日本堤交番
山谷伝道所
職安・玉姫
バッハ
玉姫公園
あしたのジョー像
訪問看護ステーション
コスモス
玉姫稲荷神社
訪問看護
ステーション
ゆうあい
東浅草二
アサヒ商店街
日の出会通り商店街
吉原大門
光照院

「それまでうちの浜田クリニックにかかっていた人が通えなくなって、だったらこっちから行こうかっていうのがはじまりだった。それで訪問診療をはじめたら、徐々に増えていった。学生時代に炊き出しで来てたこともあったから、ブラブラしてこんなところあったかな、とか。とくに意識してはじめたわけじゃないけれど、僕にとっての山谷とは、学生時代のこともあり、ノスタルジックだったのかもしれない」

往診に入ってまず驚いたのが、宿泊施設を造ったり、訪問看護や訪問介護をやって支えている人たちがいて、支えなければいけない人がいるということだった。一九七〇年代から一九八〇年代初めのころは労働の街であり、政治闘争をしようという人たちはいたが、施設を造って、生活の世話をしようという人たちはそれほど多くなかった。

そして、一九九〇年代の前半から炊き出しという「生活支援」を起点として、新しい団体の立ちあげがはじまっていく。梶原先生の言葉を受けた吐師《はし》さんは、頷きながら「自分は山谷がなくなると思って入ってきた」と言い、こう続けた。

「一九九〇年代に、みんな山谷を見に来ているんだよね。バブル崩壊が起きて、山谷がなくなるって感覚が関係者のなかにはあったんだと思う。『NPO法人セカンドハーベスト・ジャパン』*の人たち

＊〒111‐0053 東京都台東区浅草橋4‐4‐4 並河ビル1F

も一緒に炊き出しをやり、その活動がフードバンクにつながっていく。これが今の第一世代。そして、一つの契機がバブル崩壊後になる」

一九九八年から二〇〇〇年の間、「ふるさとの会*」や「友愛会」がほぼ同時期に宿泊所をスタートさせている。それまでは、路上生活者の受け入れ先は救護施設や更生施設しかなく、相部屋でほかの支援も入れず、行き場がないようなところしかなかったという。

そのため、施設に入所しても再び路上に戻ってしまい、とくに精神疾患のある人は、余計に状態が悪化するケースが少なくなかったと吐師《はし》さんは振り返る。

「それで、東京都から路上生活者のための生活保護の受け入れ施設を造ってほしいという働き掛けがあったのが一つ。それを受けたのが『ふるさとの会』の水田恵《めぐむ》さん、『友愛会』の中島儀一さん（一五六ページの写真参照）ら自分たちだった。『コスモス』の山下さんは介護保険法がはじまったタイミングでドヤに入り、ドヤの人たちを看たいと思って訪問看護からはじめた。僕は先に更生施設を見ていたから、箱ものを造らなきゃって発想になった。そこがスタートの違い。現在、活動を続けているNPO団体の設立は、その流れに乗っている」

なかでも、路上生活者が高齢化して働ける状態ではなくなり、問題になったのが「ぐるぐる病院」である。

「ぐるぐる病院」とは、生活保護受給者が、病院側の経営上の都合によって、一か月から三か月ごとに次々と転院させられていく状態をさす。本人の意志とは関係なく、複数の県をまたいで頻回《ひんかい》にぐるぐると回されていくことからこの名がつき、すでに自立し、生活できるにもかかわらず、退院させてもらえないため「患者転がし」とも「診療報酬稼ぎ」とも言われたが、社会問題として表面化するのは随分あとである。

「これはあくまでインフォーマルな動きなんだけれど」と前置きし、当時の状況を吐師さんは次のように説明した。

「あのころ、東京都には『四天王』って言われていた保護課の人たちがいて、彼らが働きかけて民間の宿泊所を造っていった。一九九八年くらいからの動きだったと思う。退院して路上に戻すわけにもいかないし、それで我々も宿泊所を造ることになった」

山谷エリアの担う役割が、「労働」から「福祉」へとシフトしていくのがこの時期となる。

梶原先生は、山谷のよさについて、「暮らしを見てくれるところ」と、ほかのエリアでは達成できない利点を経験則から挙げた。

「少し具合が悪くなっても、看てくれる場所がある。とりあえず二、三日あれば入院せずに乗り切れそうな場合、その数日を見守ってくれる宿泊施設がある。たとえば、ドヤのお帳場さんが、『廊下とか食堂で寝ててもいいし、布団をそこに出してもらってもいいし』と言って、見守ってくれたりする

＊ＮＰＯ法人自立支援センターふるさとの会　〒１１１－００３１東京都台東区千東４－39－６　４Ｆ

でしょう。そういうことを臨機応変にやってくれる。『これは大変だよ』って言ってた人が、何とかなったことが実際にある。抗精神薬なんかで三日間もたせてくれ、っていうね。山谷は、自分が思い描く、地域での精神科医療、精神的なアプローチができる新しい場所の一つだった」

各団体の宿泊施設はもちろんだが、ドヤのお帳場さんたちの存在は大きい。面倒見のいいお帳場さんの場合、食事の用意や、買い物の代行、服薬介助、受診の代行といった、家族のような対応をしてくれることがある。以前、健康相談においてドヤを訪れた際、お帳場さんとの立ち話で、「スリッパの状態を見てるの。それで、いつも動ける人のスリッパが一日中動いてないなーって気づくと、『おかしい』って思う。その勘が働いて、部屋で倒れていた人を見つけて救急搬送したこともある」というエピソードを聞いたときは、その観察力に脱帽したものだ。

山谷地区で生活支援している人たちは、多方面にわたってお互いに暮らしを支えあっている。一般的には無理なことが山谷では可能なことがあり、使える制度を活用しつつ、医療的な要素も社会的な要素も備えている。

そんな見守り体制が構築した山谷エリアを、「言葉の定義はしたくないが」と前置きをしつつ、「山谷全体が『治療共同体』のようだ」と梶原先生は表現した。

「精神疾患を抱えている人たちは、人とのつながりができてくると、目に見えて変わってくる。とくに山谷の人たちは、孤立していることが多いから、訪問看護が入ったり、デイに通いはじめたらすごく表情が柔らかくなる。山谷に共同性を見ている、暮らしの支えあいをしている共同性をね。外部の人たちが入り、連携しあいながらそのつながりのなかで生きている。暮らしをちゃんと支える、理解しあって、人を大事にしながらね」

山谷における共同性の語りに深く頷きながら、生活を中心に見てきた吐師《はし》さんは、「今はより一層生活を見なくちゃいけなくなった」と補足する。

「労働やそこの権利の追究ではなく、孤独とかに目が行くようになった。この人たちの権利を守って何とかしようじゃなくて、この人たちの寂しさを何とかしなくちゃって。孤立している人がドヤに入り、人嫌いで、すべてを拒否し、誰ともつながりたくないということも多いけれど、決してつながりたくないわけではない。誰も分かってくれない、面倒だから関係を切っているだけで、誰か分かってくれる人がいたら話をしたいのだ」

二人の話に耳を傾けながら、目をつむる。玉姫公園で逝ったササキ君（一八〇ページ参照）は、やはり気づいてほしかったのだと思う。自分の存在を、その寂しさや孤独を、誰かに理解してもらいたかったのではないだろうか。精神医療に携わる者として、梶原先生が大事にしていることは何か問うと、逡巡したのちに「死なせないこと」と口にした。

「人が死なないですむのが一番かな、それが原点。死にたいって思っている人と一緒に生きていけるように、そのあたりかな……」と言って、手にしていたグラスをそっとテーブルに置いた。

「托鉢」という生き方

政治闘争をする活動家というわけでもなく、医療従事者として山谷に居続ける同年代の吐師《はし》さんに、自分を支えるモチベーションは何なのかと問うたことがある。事務所の椅子に深く腰かけながら、腕組みをした彼は、しばらくの間「うーん」と唸り、「俗にいう一般的な看護をやりたくてここにいるわけではないし、生活困窮者支援がしたくて箱物を造っているわけでもない。さらに、山谷に対するこだわりもない」と口を開いた。

「確かに、山谷には隠れに来ている人がいっぱいいて、そういう人が自分の『かかわりたい人』ではある。だから、ここではじめた。要は、世の中の臭いものに蓋をしている、その蓋の下にいる人たちと出会えるから」

そして、「でも」と言って姿勢を正し、自分で刈ったばかりという頭をなでながら続けた。

「長くやるなかで気づいたんだよね。あのマンションの、灯りがついているあの部屋にも、山谷はあるなって思った」

山谷という場所を求め、「ここにならあるだろう」と思ってきたものが、ある日、どうやらどこにいてもあると感じ、「山谷っていうカテゴライズをなくした」と言う。それは、時代が変わったからではなく、「自分がかかわりたい人たちは、あちこちにいる」という気づきであった。

「山谷っていうのは、いつ山谷になったのか。それって一九五〇年代ぐらいで、働けば食っていける街だった。一番いいとき、鳶《とび》の親方は日当八万円。山谷のおっちゃんたちがみんな貧困かって言われたら、『全然』って答える。ただ、事情があって隠れたい人たち、何かを抱えてここに逃げてきたという背景がある」

山谷を最底辺だと見るのは先入観で、歴史をたどると周縁部が底辺であり、「山谷は一度も底辺になっていない」とも述べる。そして山谷は、「世間からは逸脱した、一線引いた場所で、いわゆる治外法権のようなイメージ」とも言う。

酒を呑みたいと思えば呑める金をつくることができ、ギャンブルをやりたいと思えばパチンコ屋があり、すぐ隣りには吉原もある。目の前の小さな幸せを見つけ、それなりに生活できる状況を、「逃げ込んだ場所が小さなワンダーランドだった」と吐師さんは表現し、「その日暮らしのなかでの『刹那的な豊かさ』があった」と続けた。

さらに、山谷には「地に憑くもの」があると思索する。

「もともと地に憑いたものなんてなかったはずなのに、地に憑いてしまうものがあるんだと感じている。ここには、残っているものがあると逆説的に思っている。今、何が憑いているのか、今しか語れないものがあるのかもしれない」

また、「山谷の助け合いは独特で、山谷的な仲間観というものがある」とも言う。

「山谷のおっちゃんたちの『仲間』って、いわゆる酒呑み友達で。金がなくても酒だけは呑める、金がなくても飯は食えて、タバコが吸える。それを担保してくれるのが山谷の仲間だった」

確かに、山谷には組合などの組織があり、連帯を目指していたが、争議団が一番勢いのあったときでも、労働者たちをすべて吸収できるような団体にはならなかった。

「山谷のおっちゃんたちは、究極的に言うと酒でしかつながっていないのに、それを、『仲間』って言葉を使って呼んでいた。なぜなら、金があってもなくても自分一人で呑まないし、お前に呑ませてやるよとか、見返りを求めないで自分の財産を出しちゃう。それが山谷なりの仲間意識で、ある意味『やさしい世界』だった」

吐師《はし》さんには、こんな経験がある。

「ケンちゃん」という山谷のおっちゃんが、「調子が悪い」と言った吐師さんに、なけなしの金をはたいて風邪薬をわざわざ購入し、手渡してくれたのだという。また、炊き出しに行くと、「横にいるやつに食わしてやってくれ」と、自分のことよりも先に弱い人を優先しようという姿を見て、胸を打たれたという。

「小さい人たちより、もっと小さくありなさい」と説いたフランチェスコの生き方に強いシンパシーがあったという吐師さんは、感覚として、そこに自分の信仰心を見いだしている。

カトリックの修道士であるアッシジのフランチェスコ（Francesco d'Assisi, 1182～1226）は、フランシスコ会の創設者であり、イタリアの聖人だ。そして、フランシスコ観を体現する生き方、それが「托鉢」である。

「自分たちは金も何も持たないし、飯の種を与えてもらって生きていく。その分、困っているときには何か手助けします、自分たちができることは返しますということ。『与える』でも『施す』でもなく、むしろ真逆の『もらう』という姿勢。もらって返す、つまり、そこには上下関係がない」

カトリックは権威主義で形式的、組織としての興味はないが、一〇代、二〇代の若いとき、山谷なら何かが見いだせそうな気がしたのだという。

そもそも「もつこと」は力になる、力をもてば上下関係が生まれる。できるだけ対等な関係性を目指し、自分たちが優位にならず、かかわる人たちにこそ選ぶ権利があることを大切にしている吐師さんは、「友愛会」の運営について、「スタッフに給料を出したいから稼ぐけど、積極的な寄付金集めはしていないし、質も下がるから規模は大きくしたくない。儲かれば勘違いしてしまう。彼らのお金で養ってもらっているということを忘れないようにしている。俺は優位に立ちたくないから」と言う。

そして、私の質問である自分を支えるモチベーションについて話が及ぶと、この仕事について、「責任感でやっているわけではなく、自身の生き方の問題」と考えをめぐらせ、「どこにいても、托鉢的な活動でありたいと思っている。それは、ミッションに近いのかもしれない」と心の支柱を語ってくれた。

最後に、吐師さんからこんな問いかけをされた。

「あなたが山谷に来たということは、ほじくるわけではないけれど、『自身のなかにも何かがあるからでしょう』ということ。ここにいる利用者さんも、働きに来る人も、ボランティアも、山谷の磁場に吸い寄せられてきたという意味では、みんな一緒じゃないかな。意識して、自分で分かっているならわざわざ山谷には来ない。人に見せたくないものだったり、開示したくないものを抱えていたり、隠れようと思っている人に興味をもって入ってくるのはなぜなのか。自分自身も、同じように隠したいものをもっているからここに来て、その人たちを見て、『自分にも何かあるかも』とほのかな期待をもっている。何かを見つけたくて来ているんじゃないかな……」

こう言って頭の後ろに手を組みながら、「そういう自分もまだ分からないから、ここに二〇年以上いるんだけどね」とつぶやき、天井を仰いだ。

苦の臨床に立つということ

夕飯もままならない状態で緊急のコールが鳴り、ようやく訪問を終えたあと、気分転換も兼ねて事務所から近くのコンビニまでホットコーヒーを買いに出掛けた。その帰り道、久しぶりにドヤが並ぶ路地を抜け、シャッターが下ろされた「いろは会商店街」を歩くと、数年前までは見かけられたテントはなくなっており、城北労働・福祉センター（五二ページの写真）前に、カーキ色をしたテントが数軒建っているだけであった。

これまで、「ほしのいえ」、「山友会」、「隅田川医療相談会」の夜回りに参加したことはあったが、コロナ禍の数年を挟み、路上の人たちはどこに行ったのだろうかという気持ちがあり、二〇二四年六月三日、光照院の吉水岳彦《がくげん》住職（一四二ページ参照）が行っている「ひとさじの会」の夜回りに同行させてもらうことにした。

二〇〇九年に設立されている「ひとさじの会」だが、そのきっかけとなったのが「結の墓」という共同墓地の建立である。二〇〇七年冬、生活困窮者を支援する団体から「彼らのためのお墓がほしい」

という相談を受けたことがきっかけで、吉水住職は貧困問題に向きあうことになった。

　取材を続けるなかで疑問だったのは、山谷で活動するキリスト教徒は多いのだが、仏教徒の話をほとんど聞いたことがないという事実である。戦後復興期、「アリの町のマリア」と呼ばれ、言《こと》問橋《といばし》のバタヤ部落で奉仕した北原怜子《さとこ》（一九二九～一九五八）もキリスト教徒であった。江戸時代より、浮浪者の収容には寺院の果たしてきた役割が大きいと思われるのだが、山谷のすぐそばにある光照院はどのような位置にあったのだろうか。これに対して吉水住職は、次のように答えてくれた。

言問橋

「光照院は、主にドヤ主の弔いなどに呼ばれていました。もともと文部省に勤務していた祖父（現祐《げんゆう》）は、戦後、山谷地区の環境整備に奔走しており、山谷を基盤として、ドヤ主が後援会となって政治の世界へ入り、台東区議会議員を務めていました。また、ドヤの一室にも家族連れが宿泊していた時代があり、当時は『ドヤっこ』と呼ばれ、子どもたちもたくさんいたんですね。そのため、この地域の子ども会の会長を父（裕光）が務め、山谷エリアに隣接するお寺として、ほかにはない特殊性があったと思います」

光照院はその土地柄ゆえ、檀家さんにドヤ（簡易宿所）のオーナーが多かった。代々、光照院にお世話になっているという帳場のおかみさんから吉水住職が震災支援をしていると聞き、「震災支援で活用してほしい」と言って、乗らなくなった乗用車を寄付したという話を教えてもらった。このようなエピソードからも、戦後の光照院は地域に開かれたお寺として、山谷の中でも外でもなく、山谷と「ともに」あったことが分かる。

子どものころから吉水住職も「山谷のおじさん」の姿を目にしてきたわけだが、「酒盛りする労働者たちには近づいてはいけない、怖い存在だった」と言う。

「梶大介*（一九二三～一九九三）という仏教徒がおりましたが、山谷のなかに入って活動したということは私たちもしてこなかった」と言い、墓の建立がきっかけで貧困の現場に立つようになったが、吉水住職自らにも「差別意識があった」と口にしている。

苦しみに向きあうために生まれた仏教であるからこそ、現場に立つ。それを「苦の臨床」と呼ぶ吉

＊一九五七年「バタヤ物語」で作家としてデビュー、一九六四年には月刊「さんや」を創刊し、闘争を呼びかけた。一九六八年の山谷暴動の際は扇動の疑いで取り調べを受けたほか、連合赤軍事件のリーダーをかくまい、犯人蔵匿の罪に問われたこともある。一貫して山谷の解放を目指すが、仲間たちとともに自立するために一九八二年には山谷を去り、自立のための拠点を静岡県松崎町につくる。自然卵養鶏と畑作に従事しながら山谷を支えるが、一九九一年に病気となり引退。著書として、『山谷戦後史を生きて（上下）』（績文堂出版、一九七七年）などがある。

水住職は、路上生活者に自分たちで握ったおにぎりを手渡しながら、「宗教者として自身の至らなさや人間の心の醜さ、傲慢さに気づかされた」と語っている。

二〇二四年現在は、新型コロナウイルス感染症の影響もあって共同炊事はストップし、おにぎりではなく、お弁当や下着類、市販薬の配布が中心となっているが、月二回の活動には、年齢も国籍も立場も違うさまざまな人がボランティアとしてかかわっている。

本堂の隣にある「こども極楽堂」には、準備のために集まった人たちが一〇名ほどいた。台湾出身の人もいて、和気あいあいと他愛のない会話をしながら飴玉をビニール袋に入れたり、お弁当を分けているときに、在日ベトナム人たちが手づくりしてくれたという二〇〇人分の春巻きが届いた。

当日は夕方から雷が鳴りはじめ、さらに「本降りの雨」という悪天候であったが、集合場所となった上野にはカッパに身を包んだ二〇名以上の人たちが輪になっており、二つのグループに分かれて夜回りへと出掛けた。

手渡す場所はおおむね決まっている。時間になると、用意したお弁当と必要な物品を求めて人が集まってくる。モノを渡す人と渡される人、その施すようなスタイルに若干の居心地の悪さを感じたのだが、長く活動をするなかで顔見知りになり、そこで会話が生まれ、関係性が築かれている姿にこそ、

吉水住職

さまざまな「苦の臨床」に立つ目的があるのだろうと思えてくる。その解のようなものが吉水住職の言葉である。

「活動を傍から見れば、活動者たちが困窮者たちに食事を与えて救っているようにも見えるかもしれないが、実際には、苦のただ中にある者と向き合い話を聴くことで、活動者自身のあり方や心持ち、信仰等が問われ、無力な自己や醜い自身の偏見や差別の心、社会の問題等に気づかされる。この活動における、教化やケアは一方的になり得ず、場を共にするお互いが学び合い、影響し合うことを実感させられる現場である」（第四回「現代と親鸞」公開シンポジウム「宗教者にとって〈現場〉とは何か？」一七八ページより）

浅草商店街はインバウンドによる観光地化によって野宿者排除という環境浄化がなされ、路上の人は一人もいなかったが、上野駅前の架線下のターミナルには、ダンボールをうまく組み合わせてつくった寝床がいくつか並んでいる。

長く路上生活を続けていた知人の「番長」が、「ダンボールは、真ん中に首が出るぐらいの穴を空けて、中に、上下にダンボールを一枚ずつ置くと暖かい。首から中に入るようにつくった。ダンボールのほかにも、新聞、ガムテープ

上野周辺を歩くボランティアスタッフ

を用意してさ。結構、完成させるには骨が折れるんだから」と教えてくれたことがある。

そして、「路上は大変だよ」と言いながら、「アパートなんて入れないって思っていた。城北センターでカードをつくればパンとか牛乳もらえるし、ラーメンと生卵があれば結構腹いっぱいになる。きついけど、我慢しねえと生きていかれねえべ、しょうがないだろ。だから、炊き出しがあるっていうと、仲間と一緒に行くんだよ。どこで何時にやるかが書かれた紙をもらって、そこからみんな場所を知って、行くんだよ」とも言っていた。

北海道小樽市の出身、実母は中学生のときに亡くなり、高校には行かず、中卒でいくつかの仕事を転々とし、地元で父が後妻を迎えたがそりが合わず、雪が降ったら仕事がないという理由から兄とともに上京。

「家なんて、もうなくなってるよ。おやじが別のかあちゃんつくったから、それが嫌で出てきた。第二のかあちゃん、好きじゃないから」と言う番長はドヤ住まいをしたり、あちこちで屋根がある場所や雨の当たらないところを探してアオカンをし、コンクリート打ちなどといった土木関係の現金仕事を続けてきた。

「仕事がなくなって、隅田川でテントを張っていたこともある。桜橋のデッキから階段を下りて右のほうに行くと、当時三〇人くらいはいたよね。五年くらい暮らしたけど、ある日、警備員に起こされて。いつのまにバリケードができて、追い出されちゃった」

マンモス交番にも屋根があり、その隣で寝ていたこともあるという番長は、「そこから早朝に缶集めをするために出掛けたりしていた。仲間がいっぱいいるから、情報もいろいろ入る。俺に仕事があるときには、足の悪い人がいるから何か買ってってやるんだよ。そうやって助け合ってきたから生きてこられたんだよ」と言っていた。

日雇い仕事をもらうため、まだ解錠しない城北センターへ場所取りに行った際、後ろから何者かに襲われ、動けなくなったのを契機に生活保護をとり、現在はドヤ暮らしとなっている。

この日、お弁当などを手渡した人の合計は二一〇名、その内訳は、いろは会商店街付近で五三名、隅田公園の墨田区側が二九名、台東区側が二五名、上野駅周辺と上野公園が一〇三名だった。国立西洋美術館の前にある建物の下で仲間数名と路上をしているという男性は、時折、稲光が走るなか、「虫がいるからドヤは嫌だ。外ならいないし、快適だよ。一〇年前から山谷には毎日通っている」と、キャップを目深にかぶり、はにかみながら教えてくれた。

上野公園でお弁当を渡し終わった二二時前、吉水住職の電話が鳴った。「今、仕事が終わりました。これから急いで向かうので、お弁当を取っておいてください」という連絡だった。最近は、このような連絡が多くなってきたという。

「おそらく、路上でも、生保でもない、ネットカフェなどでギリギリの

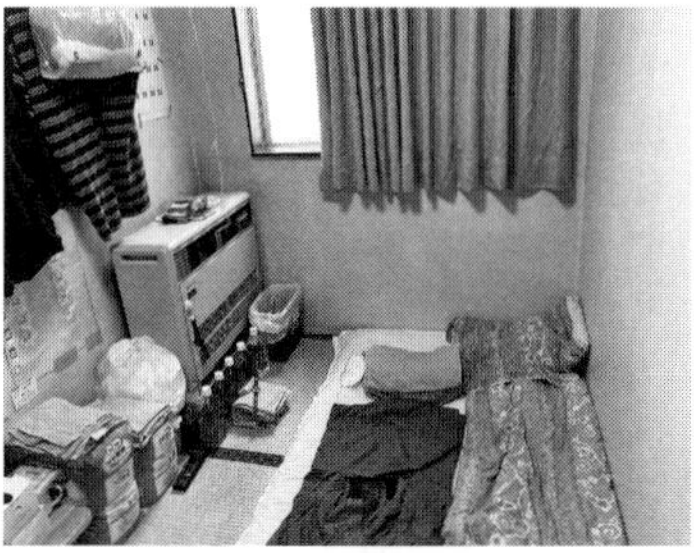

整頓された番長の部屋

生活をしている人たちなのではないかと思います。ほかの団体さんからもお話をうかがうと、コロナ禍を境に炊き出しに並ぶ人たちが急に増えてきたと聞いています」と話し、「上野周辺の野宿者は、おそらく五〇人くらいだと思います。そこにプラスされ、何らかの事情で一五〇人がもらいに来るという現実があります」とのことである。

路上生活者たちの高齢化が進み、体調を崩したことで入院し、それがきっかけとなって施設に入所したり、福祉手続きをとってドヤに入るなどしていく一方で、住む場所はどうにか確保し、なんとか食べられる状態ではあるのだが、その生活はギリギリで、いつ転落してもおかしくないというボーダーな貧困層がより広くなっていると考えられる。路上にいる、いないの境目がぼんやりとし、お金をそれなりに持っている人と、持っているけれど少ないか持っていない人という二層に分断され、なんとなく苦しいと感じる人たちが増えているのではないだろうか。

路上の人たちの数が減少してきた一方で、世の中の状況が変わってきたと肌で感じられる経験であった。

見捨てない、排除しないスピリット

律儀に整理整頓された、香水の香りが充満するドヤの一室でジョージさんは、右手の小指と左手の中指、薬指、小指の、計四本の指がない手でタバコの煙をくすぶらせていた。恰幅のよい上半身には立派な入れ墨が彫られており、背中には、もっとも慕うアニキの名前が刻まれている。ジョージさんは、「新宿歌舞伎町の狂犬」とも呼ばれていた元暴力団員である。

日本人の母と米軍の兵士を父にもち、一〇代から愚連隊に入り、人生の半分を刑務所で過ごしてきたが、歳を重ね、大病で生死をさまよった末に暴力団を脱退して山谷に来た。そして、洗礼を受けてクリスチャンとなっている。定期的に教会に通い、今は地方の施設に入所し、穏やかに暮らしている。そんなジョージさんだが、山谷では奇跡の出会いがあった。

一〇代のころ、横須賀で過ごした仲間が目の前のドヤに住んでおり、お互い身体を壊していたが、めぐりめぐって再会したという。往年の日々を懐かしみ、抱きあって喜んだという。

山谷で生活していた一年前のことだが、ジョージさんが、「ここにいる奴らはどうしようもない」と憤っていたことがある。同じドヤで暮らす仲間を心配して面倒を見ていたが、たびたび飲酒で失敗し、周囲に迷惑をかけていたのだ。ジョージさんの目には、酒に溺れ、身を崩してしまう人たちが堕落した姿に見えたようである。

第6章でも触れたが、アルコールと寄せ場の関係は非常に根深いものがある。酒が仲間をつくるコミュニケーションツールである一方で、行き過ぎると、心身だけでなく人間関係まで壊しかねないのだ。アルコール依存性はアディ

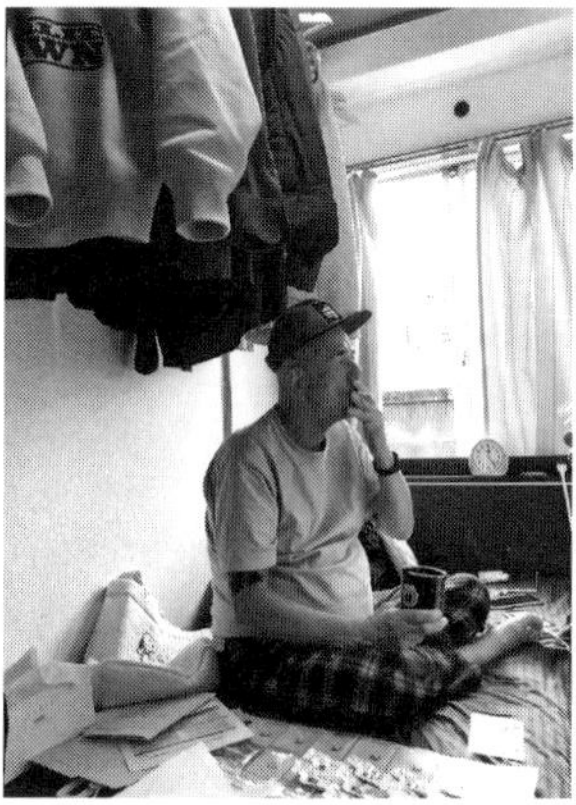

ジョージさん
（撮影：弓指寛治）

クションの一つで、単なる堕落ではない。社会が向きあうべき孤独の問題であり、生きるための逃避でもある。そう考えれば、なぜ山谷のおっちゃんたちがアルコールの問題を抱えてしまうのかに対する理解の一助となるのではないだろうか。

二〇二〇年六月、山谷の一角に、「一般社団法人カハナ」*が運営する生活訓練事業所「インテグレーション上野」が立ちあがった。

開所から四年目にあたる二〇二四年六月、カハナ代表の高橋仁さん(以下、ヒトシさん)は、青いサンドバックが吊り下げられたジムのような事務所で、「ボクシングはプログラムで使うこともあるんですよ」と、少年のようなまっ直ぐな瞳をこちらに向けた。黒いTシャツがよく似合う鍛え抜かれた体をしており、サーフィンで日焼けした首元にはネックレスが光っている。

山谷はマンガ『あしたのジョー』(原作:高森朝雄〔梶

ヒトシさん(左)と近藤さん

「いろは会商店街」の
入り口に建つジョー像

原一騎）、作画：ちばてつや）の舞台となった街でもあり、土手通り沿いに建つ等身大の「ジョー像」は「いろは会商店街」のシンボルともなっており、数年前、きれいに塗り替えられていた。

ヒトシさんは、依存症の人たちに寄り添う支援者であり、薬物依存から回復した当事者として団体の代表を務めている。リンゴジュースを「どうぞ」とすすめながら、これまで辿ってきた、平坦ではない道のりを聞かせてくれた。

横浜市出身のヒトシさんは、「ごく一般的な家庭に生まれ、両親からも愛情を受け、地域に見守られて育ってきた」と言い、当時、放映されていた『キャプテン翼』の影響もあって、小学生時代にはフォワードで活躍するというサッカー少年であった。好奇心旺盛なわんぱく小僧だったようだが、中学に入学してからは、厳しい上下関係や周囲の影響もあってサッカーからは距離を置き、バイクを乗り回すといったやんちゃな時代を過ごすなか、遊びの延長で酒やたばこ、そして薬物にまで手を出していった。

きっかけは単なる「ノリ」のようなものだったが、依存の怖さは、特定の行為（アルコール、薬物、ギャンブル、ネット、買い物、窃盗、異性、DV、共依存など）を繰り返すことでいつの間にかのめり込んでしまい、自分ではコントロールできなくなるところにある。そして、結果的には周囲を巻き込んでしまい、社会活動が困難になっていくという疾患である。

＊〒111-0021　東京都台東区日本堤1-26-9　電話03-6458-1342

ヒトシさんも、自分だけではどうにも抜け出せない状態に陥ったことを思い出しながら、「それまでは捕まる奴なんて馬鹿じゃないかって思ってたけど、実際にガサ入れがはじまり、周りがパクられていくのを見て、このままじゃまずいって怖くなった」と言った。そして、更生の一歩として薬物依存症の民間リハビリ施設である「横浜ダルク」*とつながり、二二歳で群馬の施設へ入所している。

「自分から来る奴なんてほとんどいないですよ。選択肢がなくなって、行かざるを得なくなって行く場所」であり、「ダルクは最後の砦」と評して、次のように続けた。

「集団生活ですよ、もう嫌で嫌で仕方がなかった。反発も相当したけれど、自助グループの12ステップというプログラムを受けるなかで、自己中の塊だった自分と向きあい、徐々に変わっていった」

ただし、断薬の離脱症状などによって、回復への道には困難が待ち受けていた。走馬灯のように過去の出来事が思い出され、傷つけた人たちを前に、後悔にさいなまれるのだ。自律神経の影響もあって、下着までがぐっしょり濡れるほど発汗し、眠れないこともあったという。

「自分の問題になったときが一番つらかった。けれど、やったことはどうしようもない。同じことを繰り返さないように、生き直すしかないと思った」

一年半にわたる群馬でのリハビリを経て、ダルクで就労するために上京することになった。自分を救ってもらった場所で、今度は誰かの助けになりたいとの想いから、スタッフとして二〇年にわたって尽力してきた。

「NPO法人日本ダルク」は、自らも当事者だった近藤恒夫さんが創設したもので、日本における依存症の世界でその名を知らない人はいないだろう。二〇二二年二月に逝去した近藤さんについて、「ずっと現場で、仲間のなかにい続けた人」と語るヒトシさんは、近藤さんの最期を見届けた一人でもある。

「あちこちで問題を起こし、追い出された人も、最終的には近藤さんのところを頼ってくる。『おやじ』と言って。そうすると、近藤さんは『いいぞ、ここにいろ。死ぬなよ』と言って受け入れていた」

いつも穏やかで、激高した姿を見たことがないとも言う。

「コントロールしようとしてやって来たけど、お前らはみんなルールを破る。ルールなんて決めると、俺らが疲れちゃうからルールはつくらない」と、経験則から生まれた独自の信条をもっていた近藤さんである。

「ボスは俺を、最後まで見捨てないで、嘘だって分かっていても信じてくれたし、味方になってくれた。だから、俺も誰かの味方になんなきゃだめだって」

見捨てないこと、信じること、排除しないこと、その姿勢を近藤さんから学んだという。そして、いつか近藤さんのように、依存症から回復するための居場所をつくりたいという夢をもっている。

「自分も、その居場所があることによって命が助かった。自分だけ助かって、『はい、じゃあね』ってわけにはいかない、次に手渡さないといけない」

＊DARC：Drug Addiction Rehabilitation Center 〒232-0017 神奈川県横浜市南区宿町2-44-5
電話045-731-8666

二〇一九年にダルクを卒業し、同年九月に「社団法人カハナ」の創設を実現させた。長きにわたって東上野などを中心に活動してきた縁もあり、物件は台東区の、吉原のソープ街か山谷エリアで探したという。ちょうど東京オリンピック前で、不動産バブルであったこの時期、物件はまったく見つからず、江戸川区に「依存症回復支援施設」を造った。その後、新型コロナウイルス感染症が蔓延した時期、一気に不動産を手放す流れがあり、そこで現在の場所を紹介され、決めたという。

ヒトシ　僕もこういう人間だから、世の中から排除されて、自分がいけないんですけど、孤立して。だけど、ここでは孤立した者同士が支えあっている。山谷は山谷で支えあっている。そういうのが分かっているから、だったらこの場所でやりたいって思った。きっと、山谷でなければ異質な僕たちは職質のオンパレード、近隣住民から反対運動が起こったかもしれません。

二四時間三六五日、社会の受け皿として共同生活をしながら、何があっても見捨てないで支えている。問題はいろいろ起こるが、それでも「しょうがねえよな」と自分事として見られるとも言う。「介護者でもないのに、他人のおむつ替えたり、体調崩した人に一晩中付き添ったり。普通では考えられないのかもしれない。でも、自分もやってきてもらったから立ち直った。自分のほうがもっと狂っていたよなって。当事者同士だからへっちゃらなんですよね。それが僕らの強み」と言ったあと、「みんなボロボロになってつながるから絆は強いんですよ」と続けた。

「カハナ」には、家族以上のつながりがある。

ヒトシ　新しい仲間が来たら、そいつが一番弱っていて困っているんだから支えてやれって。つまり、逆三角形なんです。古い奴が偉いんじゃなくて、新しい仲間を大切にする。自分がやってもらったことを誰かに返すことで自分も守られる。それで、僕たちは成り立っている。

山谷で寝転んでいるおっちゃんたちを見るとヒトシさんは、「おお、今日も元気だなって思う」と言いほほえむ。昼間からの酒盛りは日常風景だし、呑んだくれた人たちが路上でケンカし、取っ組みあいになることもしばしばだ。普通の場所なら、誰かが寝っ転がっていたらすぐに通報されそうだが、ここは山谷、寝転ぶ自由がある。

競馬などのギャンブルも飲酒も本人の自由であり、法を犯しているわけではない。薬物とは違うが、「生活に支障が出ればそれは依存」とヒトシさんは言う。

「たとえば、何で呑んだのかっていうのを掘り下げていくと、定職にも就けず、仕事を探してもうまくいかない、一日暇で、やめたくてもまだ呑んじゃう。毎日が日曜日というのは地獄ですって。でも、それを言えない、言う場所も分からない、『助けて』って誰にも言えずに孤立して、自分が弱いからだと責め、生きるための道具がアルコールになってしまう」

依存は「ゆるやかな自傷行為」と呼ばれている。だからこそ、「一人になるな、一人にさせるな」

を大切にしているのだと語る。また、これからの山谷について、「ドヤっていうのも最後の一〇年、二〇年ぐらい。僕はよい光景を見せてもらっている」と言っていた。

「戦後、日雇い労働の活きのいいおっちゃんたちがみんな高齢化して、施設などに移る段階に入っている。うちに通ってくる人たちの年齢は五〇代からその上が中心。八〇代の人もいる。今後は、高齢者の居場所も必要になるだろうし、この地域の社会資源を活用しながら仲間に寄り添い、看取りをしていく段階になると思います」

当事者同士の支えあいは、もともと山谷にあった精神性である。だからこそ、「カハナ」の活動はコミュニティーに溶け込み、すんなりと馴染んでいった。ヒトシさんらが仲間とともに築く排除のない空間は、座礁しそうになった人たちを救う、山谷を照らす「灯台」のような場所になるかもしれない。

生活とケアの文化

「弱者を救済するとか、社会復帰・自立支援みたいに、世間が手放しでよしとするようなことを押しつけられると、つい疑問を感じちゃうんですよね」と、控えめなトーンで話し出したのは山友会副代表の油《ゆ》井《い》和徳さんである。

「山友会」の一階には無料診療所とみんなが集えるスペースがあり、二階が炊事場となっている

（一六二ページの写真参照）。その隣の広間には、これまで出会ってきた人たちの遺影が祭壇にぎっしりと並んでいる。

今年四〇歳になったという油井さんは、学生時代から「山友会」にかかわっており、二〇年近くにわたって街の移ろいを見つめてきた。代表のルボ・ジャンさんについて、「忍耐力があって、とてもよく人を見ている」と評し、ジャンさんを支える自分を「若かったから都合がよかったのかも」と言っておどけた。しかし、各団体、行政、お帳場さんなど、山谷を連携する要となっており、誰に対してもおごった態度を見せず、各処につながるパイプ役を担っている。山谷ではまだ若い世代となる彼は、いったいどういう経緯で山友会につながったのだろうか。

「（自分には）生真面目な公務員の父と、産婦人科で働いていた看護師のおふくろがいて、不自由なく育ったから、大きな挫折感を味わったわけではない」と言う油井さんは、中学時代には「時事問題とか政治とかをかじるみたいな、世の中のことを知ったふりしているみたいなところがあった」と続け

左：油井和徳氏　右：遺影

た。部活の友達はいるがクラスにはいない。いじめられているわけでもなく、一人でいるのも苦痛ではない。本ばかり読んでいた時期がある。

さらに、行きたい大学が見つからず、自分のなかでは一年間ゆっくり考えるつもりで浪人したものの、予備校にも通わず、体裁を整えるために期間限定の講習を受けた程度。バイトをするか、近所の友人の家に入り浸るという生活であった。

隅田川花火を見るルボ・ジャンさん（中央）と著者（その左）

油井　祖父が秋に入院して、暇だからお見舞いに行ったときに祖父を介抱する病院の人を見て、介護とかできるようになっておいたほうがいいのかなって。父が役所で生活保護の仕事をしてたことがあって、たまに仕事の愚痴のような話を聞き、福祉の仕事っていうのがあるのは何となく知っていたけど。

そこで、「福祉」の名がつく学科を探し、二〇〇三年に東洋大学社会学部社会福祉学科に入学。所属したゼミのインターシップがきっかけで「山友会」にかかわりはじめ、卒業後、相談員として働くことになった。

「いろんな相談を受けたけれど、分からないから本当に手探りで。おじさんたちにもしごかれながら何とかやっていた」

そして、二〇〇九年には無料低額宿泊所「山友荘」の開設に携わる。

「山友会」については、「最初から居心地がよかったわけではない」と言い、「自分が見聞きしてきた福祉の現場とは全然違う世界で。働いている人たちも、同世代はいないし、シスターみたいに今まで会ったことのない人もいて。普通じゃなさすぎたからかえってよかったのかも。だって、ここでダメだったとしても堂々と開き直れるような気がしたから」と言って、屈託なく笑った。

「山友会」には、ボランティアも含めていろいろな人が混在している。「言いづらいですけどね」と前置きしたうえで次のように話してくれた。

油井　僕が来たころは、手伝っているおじさんたちもまだ元気で。炊き出しや食堂で出された食事に文句や要求を言う人がいたら「そんなら食わなきゃいい」って怒ってたんですよね。なまじNPOとかボランティアの立場だと、「まずい」と言われればおいしいもの出さなきゃとか、「もっとくれ」と言われたら、言われるがままあげるのが自然なんでしょうけど。でも、きつ

山友荘

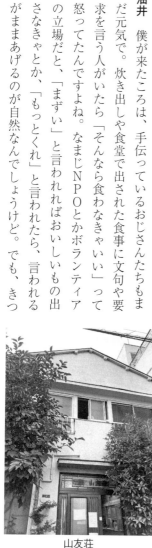

いこと言いながらも、結局、相手を受け入れている。それが山友会のカルチャーみたいなものだったような気がします。

おそらく、相手が言うままに「してあげよう」という行為は一段高いところからの発想であり、「そんなら食わなきゃいい」と、対等な立場で言いあえる関係性こそが、同じ目線での発想、つまり「山友会」のカルチャーなのであろう。

油井 最初、僕もそういうやり取りを見て驚いたし、おじさんたちと酒を呑んでるジャンさんと何度も言いあったりして、スタッフにもたしなめられたり。でも、半ばあきらめて付き合っていくうちに感覚が分かってくるっていうか。自分のなかでも咀嚼するのに時間はかかったけど、自分の感覚になってきて。咀嚼するのが大変だった分、手放したくなくなっているのかもしれない。

油井さんがかかわるようになった当時の山谷は、賑やかだった時代ほどではないが、中心となる人たちはまだ五〇代、六〇代前半が占めていた。ねじり鉢巻きにボンタンを履いている職人など、少ないながらも「労働」が残っていたが、今はほとんど見かけない。粋な人、いわゆる憎めなくて気持ちのいい人が少なくなったと感じている。

「あと、『わかば』の臭いがなくなった。あのタバコは鼻にツンとくるから、ドヤの部屋に入ったり、吸ってる人に近づくだけで分かったけど、あの独特な臭いがしなくなった」と言う油井さんの言葉から、長くいるからこその「気づき」というものを感じてしまう。そういえば、街の臭いについてあるお帳場さんが次のように感慨深く話してくれていた。

「南千住駅を降りると、すぐに『山谷に入ったな』というのが分かる。尿臭とか、吐物の臭いとか、立ちこめるものがあって、ほかではあまり感じたことがなかった。街が変わったと感じたのはここ一〇年ぐらい。ゴミも減り、臭いが消えた」

過去から現在へ、そしてこれからの山谷については、「ドヤ次第じゃないか」と油井さんは見解を述べている。東京都対策本部が作成した「東京都山谷対策総合事業計画」（令和五年度〜令和七年度）によると、一万五〇〇〇人ほどいたドヤの住人は、二〇二一（令和三）年度の時点では三〇〇〇人ほどまでに減少しており、ドヤは一二八軒（従来型一一五軒、ビジネス・観光向け一三軒）となっている。日雇い労働者の割合は二・六パーセント、住民の九割が生活保護受給者で、平均年齢は六七・五歳だが、七〇歳以上が五割を超え、高齢化率は七割近くにまで及んでいる。

油井　現状のドヤは本来の旅館業ではなく、生活保護受給者の受け皿として経営が成り立っている。それが一〇年、二〇年、確実な方向性としてあり続けられるかといえば、おそらく難しい。物件が老朽化すれば改修してまで続けたいと思うところはかぎられるだろうし、すでに跡継ぎがいなくて廃業するところもある。最近では、ドヤの跡地にマンションが建つことも増えている。歴史のなかに「山谷」は存在し続けるだろうけれど、ドヤがなくなれば、もう「山谷」ではなくなる。こういう大きな流れがある一方で、「山谷」へのノスタルジーを未練がましく引きずって「山谷っぽさ」を何とか残そうとしている支援者がいる。正直なところ、そんな構図なのかな。

ほかの場所では自分は異質な存在であり、居づらい。しかし、山谷なら自分と似た人たちが暮らしていて、ドヤがあるからここに居つくというのは「同質性」であると油井さんは指摘する。となると、「ここだから生きてこられた」という人はほかの場所にもいることになる。

油井　山谷がなくなっても、ここで生きてきたような人を支えていくことが必要なときに、山谷が培ってきた「文化」みたいなものが生かされるのであれば、それが街を残す形の一つになるかもしれない。

では、山谷で培ってきたという「文化」とはいったいなんなのだろうか。

油井　この街にたどり着いてきた人たちが歩んできた人生、生きていくなかで感じてきた喜怒哀楽。そして、その人たちを支えようとしてきた人たちが、山谷で生きてきた人たちと向きあってきた積み重ねのなかで大切にされてきたこと。こういうのが「文化」なんだと思います。山谷をどのように残すのかと考えたときに、歴史はもちろんのこと、そういう文化や作法を残していく。山谷で醸造されてきた「人を支えること・支えあうことの文化」、「（原始的な意味での）ケアの文化」がカギになっていくと思う。

今後の展望については、「これは一つの選択肢、可能性ですが」と熟考しながら、「ドヤがなくなるなら、ドヤの代わりのものをつくる」と、未来予想図の一つを提案する。

油井　山谷って、その時々の社会のなかで生きづらくなった事情を抱えた人が集まってきたところ。路上で暮らす人も含めて、地域社会から孤立して生活に困窮して孤独感を深めた人たち。そういう人たちがこの街に来て、同じ経験をしたり、同じ苦労や辛さを味わったりした人同士が何となく共感しあって、つかず離れずに何となく助け合っているっていうのがあった。そういう光景は、ドヤがたくさんあったときに比べれば少ないけれど、世の中に少しでも残したいし、つくりたい。

その一方で、「そういう、雑然としているけれど、どこかで深い人情味を感じる山谷の光景を残していくのは難しいかもしれない」とも言う。しかし、「ただ」と続け、「マンションが建ったりして街並みが変わっていくことには抗えないのだろうけど、無機質に街が変わり、大切なものが消え、忘れ去られていくことには抗っている自分でありたいと思う」と言っていた。

「山友会」の裏には立派なマンションがそびえ建ち、近隣の建物も一軒、また一軒と取り壊されている。それでもなお、路地裏に並ぶパイプ椅子に座るおじさんたちが、自分の居場所として集い、談笑したり、タバコを吸ったり、ぼーっとしながら場を共有している。これがまた「山谷っぽさ」な風景でもある。

変遷する街を見つめ、負け試合だと分かっていても抗う心はもち続ける。単なる郷愁じみたものかもしれないが、油井さんの言葉がどういうわけか心に響いた。

生き直しができる街

「海が見たかったの」

少しだけ視線を上に向け、そのときを思い出すようなしぐさでこちらに首を傾けた。

「それだけは覚えているんだけれど、電車に乗って、鎌倉に行って。でも、そこからの記憶がないのよね」

今、私の目の前にいるこの人は、「ぼんやりとあるのは車窓から外を眺めたこと」と悲壮感なく言い、さらりと「自分の名前も憶えていない」とこぼした。貧血が進行しているのか、透き通るような白い肌には痂疲《かひ》化した発疹（かさぶた）が点在していた。

二〇二二年六月、本格的な暑さがやって来る少し前、鎌倉で発見された彼女には記憶がなかった。自分が何者であるのか、これまでどんな人生を送ってきたのか、その生活史をすべて失った「健忘《けんぼう》」と呼ばれる状態であった。どこで生まれたのか、家族がいたのか、どこに住み、どんな人生を送ってきたのか。ある日を境に重たいシャッターをバタンと下ろし、あちら側の記憶をせき止めたかのような感じであった。

倒れているところを発見され、治療を受けたのち、療養型の病院へ移ったものの名前も分からず、数か月の間、「ハナコさん」と呼ばれていた。しかし、すっかりその名に馴染んでしまい、入院中に生活保護を受けていたことが分かり、身元が判明してから戸惑ったという。

「本当の名前で呼ばれても振り向けないの。誰なのかしら?って」

あっけらかんとした様子で、「思い出せないんだもの、仕方ないわよね」と笑った。

悪性リンパ腫と診断され、縁もゆかりもない山谷の施設にやって来た彼女は、手先が器用で編み物が得意であった。ケースワーカーの情報からも、以前から帽子やセーターなどを手づくりしていたと伝え聞いていた。

「不思議なのよね、記憶はないけれど編み物はできるのよ」とほほ笑む。一度乗れた自転車は一生乗れるように、心の記憶が喪失しても身体の記憶は残るのだろう。

病気が進行し、末梢のしびれを感じながらも、いつも静かに編みものをして過ごしていた。「たくさん毛糸をもらったの」と言いながら、赤、水色、紫、緑……ビニール袋に入った色とりどりの毛糸をこちらに見せ、少女のように喜びながらまた編み出した。

水色と赤の毛糸で編んだ小さな巾着がお財布代わりで、中にはいつも少額の小銭が入っていた。「これでヨーグルトとアイスを買ってきてほしい」と、訪問のたびに頼んでくる。それが彼女のささやかな楽しみであった。

訪問看護師にとって、利用者さんを理解するためには、出身や育ってきた環境、家族、仕事といったバックグラウンドを知ることが大切である。しかし、清々しいほどにまっさらな彼女は、出会ったその日からの情報しかない。ゼロから、今からが記憶になる。忘れてしまうことは喪失を意味し、悲嘆につながるのではないかと思っていたが、過去にとらわれず、捨て去ることで別の人生を進み、生き直しができている。もしも、思い出したくない過去があるとしたら、忘却が一つの生きる手段になるのかもしれない。

ある日、ハナコさんはベッドから転倒し、ずるずると床を這いながら職員を呼んだ。それを境に寝たきりとなり、三日目の早朝、記憶の蓋をぎゅっと閉じたまま逝ってしまった。色白で柔和な笑顔を見せる彼女が穏やかな毎日を送れたのだからそれでよかった。どんな過去があったのかは知らないままとなったが、出会ってからの数か月の日々は私の胸に深く刻まれている。

二〇二四年五月、身寄りなき老後を国が支援するというニュースが流れた。日常的な行政手続きの代行や、葬儀、遺品整理などといった死後対応まで、家族や親族に頼ることができない身寄りのない人たちが直面する課題を誰が担うのか、近年、これが大きな課題となっている。解決が急務とされる社会状況において、包括的な地域連携が構築された山谷は、まさにその先駆けのような場所となっている。

ハナコさんのように、それまで接点のない暮らしをしていても、山谷にやって来たことで、社会資源を活用しながらサポートやケアを受け、最期を迎えた人もいる。「誰の『ホーム』でもないから、誰の『アウェー』でもないのかな」と言ったのは「友愛会」の田中さんだが、「ふるさと」とは別の「居場所」がここにあるように思えてしまう。

「北海道に帰りたいって思うこともあるけど、こっちのほうが長いんだから、山谷はふるさとみたいだな」とつぶやいていた番長（二四三ページ参照）。来たくて来たわけではないけれど、人はどこかに寄る辺《べ》がほしいものだ。それを人は、「ふるさと」や「ホーム」と呼ぶのかもしれない。

私自身は、山谷を「ふるさと」と感じたことはないが、この街に来て、とりあえず「明日を迎えてもいいかな」と思えるようになった。ここで働きながら心を修復し、生き直すことができたのだ。

ほかでうまくやっていけず、傷ついたとしても、山谷に来てみると同じものを感じたりする。自分自身が傷ついているという状態は大切で、当事者性の感覚でもある。つまり、はみ出した者同士がつながる「敗北感の共有」ということかもしれない。

精神科医のバザーリア（二九ページ参照）も同じようなことを言っていた、と梶原先生（一二五ページ参照）が教えてくれた。

「自分たちがつながれるのは、自分たちも精神科医の世界のなかではずれものになっていけばいい。そういう存在である自分っていうのが、学会も恐れ、教授コースからはずされ、闘うけれど勝てない。いつも敗北してきた。その敗北の経験が役に立つ」


私の長男は不登校となり、フリースクールに通っていた時期がある。そこに通ってくる子どもたちは、少なからず傷ついてきた経験があり、それぞれが違う悩みを抱え、世の中からドロップアウトしたという罪悪感みたいなものを抱えていたと思う。しかし、その子どもたちはとにかく優しかった。他者へ余計なことを言わず、追及もせず、ただ場を共有していた。一緒に何かをやろうではなく、そこにいることを尊重し、存在を認めあう「共在」という感覚だった。

これが実現できているのは、「傷つき」があったからだと思っている。「傷つき」の共有は共感を生み、共感が生まれる基盤というのは、自分の弱さを知ることだ。失敗とはまた違う、敗北と弱さが共感の種になる。

「労働の街」から「福祉の街」と呼ばれることが増えた山谷だが、移ろいゆく時とともに、生きづらさを抱えた人たちが引き寄せられ、シェルターの役割として機能している。あそこに行けば、独り暮らしでも路上でも何とかなると、送り込まれてくる。

ある人は「聖域」と呼び、「あじーる」、「サナトリウム」と表現する人もいる。つまり、はみ出した者たちを受け入れるだけの器があり、安心して隠れられる、誰もがリカバリーしやすい土壌であるということだ。

ドヤが潰され、マンションが建ち並び、のっぺりとした特徴のない街になったとしても、「地に憑くものがある」と表現したのが友愛会の吐師《はし》さんである。ホームレス、高齢者、障がい者、罪を犯した人たち、まるで街がポンプ機能を有するかのように、それぞれの時代において社会から逸脱せざるを得なかった人たちが流入し、拡散していく。全国にホームレスが散らばっていったように、街は変容するが、弱き者を引き寄せる磁場の強さは変わらない。

闘う労働者もいない、閑散としたこの街にいったい何があるのか？　闘争からはじまる「ものがたり」は、確かに敗北をたどる「ものがたり」であった。しかし、「ここでしか生きていけない」を言い換えるなら、**「ここでなら生きていける」**となる。生きづらさを抱えても、どうにか折りあいをつけて生きていける。何らかの傷を抱えていても、ここではそれが武器になる。人を傷つける武器ではない。「相手の自由を奪わない」というこの街の秩序である。

人生はままならないことの連続だ。それでも明日を迎えるために、「しょうがないわね」と誰かが許す、そんな寛容な世界が一つぐらいあってもいいだろう。

かつて日雇い労働者たちは、「山谷（サンヤ）」を「ヤマ」という愛称で呼んだ。江戸時代から、「売り切れ」を意味する隠語でもあり、その語源は、「山に登って頂上に着くとその先は何もない」である。つまり、「人生の終着駅」とも表現されるこの街の労働者らが自らを揶揄して使いはじめ、いつのまにか定着していったように思う。

確かに、「ヤマ」には煌びやかなネオンはない。あるのは白熱灯のほのかな「明かり」だ。しかし、迷子にならないよう、暗闇の路地をわずかに照らす光がある……そう祈りたいような気持ちになる。

山谷をめぐる旅は、期せずしてこの街を舞台にした「死」をめぐる道程となり、その死を前に、残された者の記憶を掘り起こす作業ともなった。誰かに必要とされ、誰かがつながり続けることに希望があるとしたら、混沌としたこの世の中において、山谷は生き直しができる稀有な場所かもしれない。なぜなら「ヤマ」は、「敗北感」こそが役に立つ街なのだから。

山谷という街にひかれ、かつて生きていた人たちの軌跡をたどることは、私なりの弔い方だったように思います。この本が寄せ場を知る史料となり、また偏見を乗り越えるためのきっかけになればうれしいです。

山谷の玉三郎が逝去した翌年、私は「コスモス」に入職しました。補足すると、玉ちゃんの日々のケアから看取りまで介入していたのが、今も尊敬するコスモスの先輩スタッフたちです。今回はあまり触れることはできませんでしたが、「誰をも差別しない」を支柱に山谷の医療を支え続ける「訪問看護ステーション コスモス」の記録を、いつかまとめるお手伝いができたらと思います。

最後に、熱意をもち伴走してくれた新評論代表の武市一幸さん、かかわってくれたすべての方々に、心からの「ありがとう」を伝えたいです。そして、二〇二四年九月にご逝去された梶原徹先生へ、哀悼の意を込め、この本を贈ります。

二〇二四年　鈴虫の音が美しい夜に

織田　忍

参考文献一覧

今川勲『現代棄民考』田畑書店、一九八七年
大山史朗『山谷崖っぷち日記』角川書店、二〇〇二年
神崎清『山谷ドヤ街　一万人の東京無宿』時事通信社、一九八五年
杉田玄白『蘭学事始』岩波書店、一九八二年
竹中労『山谷　都市叛乱の原点』全国自治研修協会、一九六九年
立松和平『世紀末通りの人びと』毎日新聞出版、一九八六年
なかのまきこ『野宿に生きる、人と動物』駒草出版、二〇一〇年
南条直子『戦士たちの貌』径書房、一九八八年
南條直子『アフガニスタン　ムジャヒディン』ＩＰＣ、一九八九年
日本寄せ場学会『寄せ場文献精読３０６選』れんが書房新社、二〇〇四年
宮下忠子『思川　山谷に生きる女たち』筑摩書房、一九八五年
山岡強一『山谷《やま》　やられたらやりかえせ』現代企画室、一九九六年
山谷問題研究会「最下層の系譜（上巻・中巻）」山谷自立推進協議会（私家版）
山谷玉三郎「玉の本」（私家版）
梶原徹「私の生い立ちから浜田クリニックへ」（私家版）

「エコノミーホテル　ほていや」（ブログ）

著者

織田 忍（おだ・しのぶ）

1975年生まれ、千葉県出身。短大卒業後、出版社、編集プロダクション勤務を経てフリーに。主に情報誌、フリーペーパーなどの編集・執筆をする傍ら、出産後に保育士資格取得。神奈川県相模原市の保育園に勤務。2011年、茨城県内の看護専門学校に入学。2014年より看護師として東京都立の療育センターなどを経て、現在は台東区にある「NPO法人訪問看護ステーション　コスモス」の訪問看護師として、山谷エリアを中心に地域医療に従事している。

著書として、『山谷への回廊　写真家・南條直子の記憶　1979-1988』（『山谷への回廊』刊行会、2012年）、『こどもとはじめる季節の行事（親子のじかん1）』（自由国民社、2009年）がある。

山谷をめぐる旅

2024年11月15日　初版第1刷発行

著　者　織田　忍

発行者　武市一幸

発行所　株式会社　新評論

〒169-0051 東京都新宿区西早稲田3-16-28
http://www.shinhyoron.co.jp

tel. 03（3202）7391
fax. 03（3202）5832
振替 00160-1-113487

定価はカバーに表示してあります
落丁・乱丁本はお取り替えします

装丁　星野文子
印刷　フォレスト
製本　中永製本所

ISBN978-4-7948-1276-6

Printed in Japan

好評既刊書

ドクターファンタスティポ★嶋守さやか

寿《ことほ》ぐひと

原発、住民運動、死の語り

生死の語りが繰り返される日々の中、対立と分断を超えて信頼・助け合い・共感の地域社会を共に築くための備忘録。

四六並製　284 頁　2640 円　ISBN978-4-7948-1161-5

ドクターファンタスティポ★嶋守さやか

孤独死の看取り

孤独死、その看取りまでの生活を支える人たちをインタビュー。
山谷、釜ヶ崎…そこに暮らす人々のありのまま姿と支援の現状を紹介。

四六並製 248 頁 2200 円　ISBN978-4-7948-1003-8

林えいだい

《写真記録》関門港の女沖仲仕たち

近代北九州の一風景

魂の作家が遺した唯一無二の記録！約 150 点の貴重な写真を中心に、港湾労働の実態と女たちの近代を鮮やかに描き出す。

A5 並製　180 頁　2200 円　ISBN978-4-7948-1086-1

林えいだい

《写真記録》これが公害だ

北九州市「青空がほしい」運動の軌跡

「鉄の町」で 1 人の公務員が女性たちとともに立ち上がる。反骨の記録作家の原点であり、戦後公害闘争史の発端をなす運動の全貌。

A5 並製　176 頁　2200 円　ISBN978-4-7948-1064-9

本田一成

写真記録・三島由紀夫が書かなかった近江絹糸人権争議

絹とクミアイ

日本を震撼させた熾烈な労働争議の全貌を、200 点超の写真で再現！
世論を喚起し前近代的経営を倒した歴史的闘争がいまよみがえる。

A5 並製　206 頁　2640 円　ISBN978-4-7948-1118-9

＊表示価格はすべて税込み価格です。